모던 C++로 배우는
함수형 프로그래밍

모던 C++로 배우는
함수형 프로그래밍

커링, 메타프로그래밍 등 C++와
함수형 프로그래밍의 핵심

위스누 앤거로 지음

김현욱 옮김

Packt> i!i 에이콘

 에이콘출판의 기틀을 마련하신 故 정완재 선생님 (1935-2004)

| 지은이 소개 |

위스누 앤거로^{Wisnu Anggoro}

C# MCP^{Microsoft Certified Professional}이며 경험 많은 C, C++ 개발자다. 팩트출판사에서 『Boost.Asio C++ Network Programming』(2013)과 『Functional C#』(2017)을 집필했다. 약 20년 전인 고등학생 때부터 프로그래밍을 시작했으며, MS-DOS 환경에서 BASIC을 사용해 프로그램을 만들기 시작했다. 심(SIM) 카드 OS 포팅, 개인화, PC와 SC 통신 등 C#과 C, C++를 필요로 하는 스마트카드 프로그래밍과 데스크톱, 웹 개발에 풍부한 경험을 갖고 있다. 현재 스마트카드의 혁신적인 기술을 전문으로 하는 인도네시아 기업인 CIPTA에서 선임 스마트카드 소프트웨어 개발자로 일하고 있다. winsu@anggoro.net을 통해 연락할 수 있다.

무엇보다 저에게 이 기회를 주고 무사히 마칠 수 있는 능력을 부여해 준 하느님께 감사드립니다. 아내 비빈(Vivin)은 제가 시작한 일을 끝낼 때까지 저에 대한 지원을 아끼지 않았습니다. 제 기쁨의 원천인 사랑하는 두 아들, 올라브(Olav)와 올리버(Oliver)는 저를 매일 행복하게 합니다. 그리고 많은 영감을 주시는 부모님께 감사드립니다.

팩트출판사의 최고의 팀, 특히 콘텐츠 개발 편집자인 로렌스 베가스(Lawrence Veigas)는 풍부한 콘텐츠를 제공하기 위해 노력을 아끼지 않았고, 데님 핀토(Denim Pinto)는 제게 이 책의 집필을 제안했습니다.

최고의 스승이자 CIPTA의 상사인 베네딕터스 드위 데시얀토(Benediktus Dwi Desiyanto)에게 감사드립니다. 그는 항상 제가 더 발전하도록 지원을 아끼지 않습니다. 그리고 CIPTA의 친구들, 그들로부터 C++를 함수형 프로그래밍에 대한 통찰을 배웠습니다.

| 기술 감수자 소개 |

에이바스 칼반스^{Aivars Kalvāns}

라트비아의 리가에 위치한 소프트웨어 회사인 티에토 라트비아^{Tieto Latvia}의 선임 소프트웨어 아키텍트다. 15년 이상 카드 지불 시스템 분야에서 일하고 있으며, 수많은 핵심 C++ 라이브러리와 프로그램을 담당하고 있다. C++ 프로그래밍 가이드라인, 보안 코딩 교육, 코드 리뷰를 관리하며, 사내 C++ 개발자 모임을 주최하고 강연도 맡고 있다.

> 사랑스런 아내 아니테(Anete), 그리고 인생을 더 흥미롭게 만드는 아이들, 칼리스(Karlis)와 구스타브(Gustavs), 레오(Leo)에게 고마움을 전합니다.

│ 옮긴이 소개 │

김현욱(nnhope@hotmail.com)

스마일게이트, 엔씨소프트 등에서 게임 플랫폼을 개발했다. C++, 얼랭Erlang, 파이썬, Go를 좋아하며, 오픈소스 기여와 스택 오버플로 활동을 틈틈이 하고 있다.

『크로스 플랫폼 개발을 위한 C# 7과 닷넷 코어 2.0』(에이콘, 2018)을 번역했다.

C++는 대표적인 객체 지향 언어이므로 함수형 프로그래밍과의 조합이 다소 어색해 보이는 게 사실입니다. 그렇지만 C++가 어떤 언어입니까? C++는 성능에 민감한 서버 영역에서부터 임베디드, 데스크톱 환경을 아우르는 GUI 영역까지 40년 가까운 기간 동안 프로그래밍 언어의 절대 강자 역할을 이어오고 있습니다. 또한 C++11부터는 프로그램 개발을 쉽고 효과적으로 도와주는 새롭고 다양한 기능이 추가되면서 모던 C++라는 풋풋한 새내기(!) 같은 이름까지 얻게 됐습니다. 모던 C++의 다양한 기능을 활용하면 함수형 프로그래밍의 특징인 일급 함수, 불변 객체, 맵, 필터, 폴드 등도 큰 어려움 없이 구현할 수 있습니다.

이 책은 모던 C++를 비롯한 C++의 여러 기능을 사용해 함수형 프로그램을 개발하는 방법을 설명합니다. 그리 길지 않은 예제 코드를 곁들여 설명하므로 따라가기 수월하며, 함수형 프로그래밍을 궁금해하는 C++ 개발자들이 흥미를 가질 내용이 가득합니다.

함수형 프로그래밍과 성능, 그리고 확장성까지 다뤘다면 하는 아쉬움이 있지만, 제가 알기로 C++를 함수형 프로그래밍을 본격적으로 다룬 책은 이 책이 처음이 아닐까 생각합니다. 몇 가지 약점이 있지만 가벼운 마음으로 따라가면서 알고 있던 내용은 확실히 다지고, 몰랐던 개념이나 함수 사용법 등을 새로 익히다 보면 함수형 프로그래밍의 기본 개념을 잡는데 충분할 것입니다.

여러 번 검토했지만 오타나 오역 등 잘못된 점이 발견되면 nnhope@hotmail.com으로 보내주시거나 corecode.pe.kr의 도서 페이지에 남겨주시면 확인하고 정오표에 반영하겠습니다. 기타 궁금한 점도 알려주시면 최대한 성의껏 답변드리겠습니다.

| 차례 |

함수형 프로그래밍Functional Programming은 프로그램 구조 스타일 중 하나로, 공유 상태shared state, 가변 데이터mutable data, 부작용side-effect을 배제하는 순수 함수pure function로 구성된다. 마치 수학에서 다루는 함수와 유사한데, 출력 값은 인수에만 의존하므로 동일한 입력에는 항상 같은 결과를 반환한다. 함수형 프로그래밍의 근본 개념은 문제 해결 방법으로 기존 패러다임과 다르게 함수의 활용을 강조하는 것이다.

함수형 프로그래밍은 명령형imperative에 대비되는 선언형declarative이다. 이 말은 프로그래밍이 명령statement 대신, 표현식expression과 선언declaration으로 이루어진다는 뜻이다. 함수형 프로그래밍에서는 순수 함수를 사용하므로 이른바 부작용이라고 부르는, 예상과 다르게 프로그램의 상태가 변하는 현상을 방지한다. 반면에 명령형 프로그래밍에서 프로그램 상태는 보통 객체의 함수 간에 공유되며 빈번하게 변경된다.

한편, 표현식이 평가되면 명령형 프로그래밍에서는 결과 값이 변수에 대입된다. 예를 들어 함수 내에 여러 개의 표현식이 있다면, 최종 결과 값은 마지막 변수 상태에 영향을 받는다. 상태는 끊임없이 변할 수 있으므로 실행 순서가 매우 중요하다.

반면에 함수형 프로그래밍에서는 기존 변수의 값을 바꾸는 대입은 금지되며, 만약 대입이 필요하다면 기존 변수를 사용하지 않고 새로운 변수를 만들어야 한다. 무엇보다 함수형 코드는 명령형이나 OOP 코드에 비해 더 간결하고 예상 가능하며 테스트도 쉽다.

하스켈Haskell이나 스칼라Scala처럼 함수형 프로그래밍을 염두에 두고 설계된 언어도 있지만, C++ 역시 언어의 여러 기능을 활용해 함수형 코드 작성이 가능하다는 점을 이 책을 통해 배우게 될 것이다.

▌이 책이 다루는 내용

1장, 모던 C++와 친숙해지기 auto, decltype, null 포인터, 범위 기반^{range-based} for 루프, 표준 라이브러리, 람다^{Lamda} 표현식, 스마트 포인터, 튜플^{tuple}처럼 모던 C++의 여러 기능을 두루 살펴보면서 모던 C++를 친숙해지는 시간을 가진다.

2장, 함수형 프로그래밍에서 함수 다루기 일급 함수, 순수 함수, 커링^{currying} 등 함수형 프로그래밍의 핵심 개념을 다룬다. 일급 함수를 사용하면 함수를 값처럼 다룰 수 있으므로 다른 변수에 대입할 수 있다. 순수 함수는 함수 외부의 변수를 사용하지 않으므로 부작용을 회피할 수 있다. 그리고 커링을 사용하면 여러 개의 인수가 필요한 함수를 연속된 단일 인수의 함수로 간소화할 수 있다.

3장, 함수에 불변 객체 사용하기 가변^{mutable} 객체를 어떻게 불변^{immutable} 객체로 바꾸는지 알아본다. 불변 객체를 만들기 위해 일급 함수와 순수 함수를 적용해 본다.

4장, 재귀 함수 호출 반복^{iteration}과 재귀^{recursion}의 차이점을 짚어보고, 왜 재귀가 함수형 프로그래밍에 더 좋은지 알아본다. 또 재귀의 세 가지 종류인 함수형, 절차형^{procedural}, 백트래킹^{backtracking}에 대해서도 알아본다.

5장, 지연 평가로 실행 늦추기 코드 실행을 지연해 더 효율적인 코드 작성법을 배운다. 그리고 캐싱과 메모이제이션^{memoization}으로 실행 시간을 단축하는 방법도 알아본다.

6장, 메타프로그래밍으로 코드 최적화 메타프로그래밍을 사용해 컴파일 타임에 코드를 실행하는 방법을 배운다. 또 템플릿 메타프로그래밍으로 코드 흐름을 제어해본다.

7장, 동시성을 이용한 병렬 실행 멀티 스레드를 다룬다. 데드락^{deadlock}을 방지하기 위한 동기화 기법을 알아보고, 특히 윈도우 OS에서 스레드를 생성하고 실행하는 방법을 배운다.

8장, 함수형 방식으로 코드 작성하기 지금까지 공부한 내용을 종합해 함수형 코드로 프로그램을 만들어 본다. 그리고 개발 도중 예상하지 못한 결과가 나타나거나 크래시가 발생했을 때 해결 방안을 찾기 위한 디버깅 방법도 알아본다.

▌ 준비 사항

이 책의 예제 코드를 컴파일하고 실행하기 위해서는 마이크로소프트 윈도우 8.1 이상 버전이 설치된 PC와 다음의 소프트웨어가 필요하다.

- C++11, C++14를 지원하는 최신 버전의 GCC(이 책을 쓰는 시점에서 GCC 최신 버전은 v7.2.0이다.)
- C++11, C++14를 지원하는 비주얼 스튜디오 2017
- Code::Blocks v16.01(이 책의 모든 예제 코드는 Code::Blocks IDE로 작성하고 GCC를 사용해 컴파일했다. 그렇지만 반드시 이 도구를 사용할 필요는 없다.)[1]

▌ 이 책의 대상 독자

이 책은 함수형 패러다임을 적용해서 견고하고 테스트 가능한 프로그램을 개발하고 싶은 OOP에 친숙한 C++ 개발자를 대상으로 한다.

▌ 편집 규약

정보의 종류를 구분하기 위해 여러 가지 편집 규약을 사용했다. 각 사용 사례와 의미는 다음과 같다.

---

1 Code::Blocks으로 작성한 예제 파일 외에 비주얼 스튜디오 2017에서 작성한 솔루션 파일도 https://github.com/surinkim/ learning_cpp_functional_programming_kor에서 내려받을 수 있으므로 편한 도구를 선택하면 된다. GCC와 차이로 인해 비주 얼 스튜디오 2017의 1장과 7장 예제 중 일부는 책의 코드와 약간 차이가 있다. 윈도우에서 Code::Blocks와 GCC 설치 방법은 http://corecode.pe.kr/2017/10/16/how_win_codeblocks_install/이나 다른 웹사이트를 참고하기 바란다. – 옮긴이

본문의 코드, 데이터베이스 테이블 이름, 폴더 이름, 파일 이름, 파일 확장자, 경로 이름, 임시 URL, 사용자 입력 등은 다음과 같이 표시힌다.

"auto 키워드는 함수의 반환 타입을 자동으로 추론deduce하는데 사용한다."

프로그램 코드는 다음처럼 나타낸다.

```
int add(int i, int j)
{
  return i + j;
}
```

코드 중 특히 주의 깊게 봐야 할 부분은 다음과 같이 강조해서 표시한다.

```
// string 변수를 초기화한다
  Name n = {"Frankie Kaur"};
  cout << "Initial name = " << n.str;
  cout << endl;
```

새로운 용어나 **중요한 단어**는 이와 같이 굵게 표시한다.

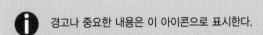 경고나 중요한 내용은 이 아이콘으로 표시한다.

 도움이 될 팁은 이 아이콘으로 표시한다.

독자 의견

독자 의견은 항상 환영이다. 이 책의 좋은 점, 나쁜 점 등 여러분의 생각을 우리에게 알려 주기 바란다. 독자 의견은 양질의 책을 만드는 데 큰 도움이 된다.

일반적인 의견을 보낼 때는 제목에 책 제목을 적어서 간단하게 feedback@packtpub.com으로 이메일을 보내면 된다.

만약 전문 지식을 갖고 있는 주제가 있거나 책을 쓰고 기여하는 데 흥미가 있다면 팩트출판사의 저자 안내 페이지(www.packtpub.com/authors)를 참고하기 바란다.

고객 지원

팩트출판사의 도서를 구매한 여러분이 구입한 책을 최대한 활용할 수 있도록 도와주는 여러 가지 방법을 제공한다.

예제 코드 다운로드

이 책의 원서에 수록된 예제 코드 파일은 http://www.packtpub.com에서 로그인한 후 다운로드할 수 있다. 이 책을 다른 곳에서 구입한 경우에는 http://www.packtpub.com/support에서 계정을 등록하면 파일을 이메일로 직접 받을 수 있다.

예제 코드 다운로드 방법은 다음과 같다.

1. 팩트출판사의 웹사이트에서 이메일 주소와 비밀번호로 새 계정을 등록하거나, 계정이 있는 경우 로그인한다.
2. 맨 위에 있는 SUPPORT 탭을 클릭한다.
3. Code Download & Errata를 클릭한다.
4. 검색 창에 책 이름을 입력한다.

5. 코드 파일을 다운로드할 책을 선택한다.

6. 드롭다운 메뉴에서 책을 구입한 곳을 선택한다.

7. **Code Download**를 클릭한다.

파일을 다운로드한 이후에는 다음 프로그램의 최신 버전을 사용해서 압축을 해제한다.

- 윈도우: WinRAR / 7 Zip
- 맥: Zipeg / iZip / UnRarX
- 리눅스: 7 Zip / PeaZip

원서의 예제 코드는 GitHub의 https://github.com/PacktPublishing/LearningCPPFunctionalProgramming에서도 내려받을 수 있다. 또한 https://github.com/PacktPublishing/에서는 다양한 도서와 비디오 카탈로그에서 제공하는 다른 코드도 있으니 확인해 보길 바란다. 그리고 한글 주석과 원서 예제 코드의 오류를 수정한 한국어판 예제 코드는 https://github.com/surinkim/learning_cpp_functional_programming_kor에서 내려받을 수 있으며, 에이콘출판사의 도서정보 페이지인 http://www.acornpub.co.kr/book/cplus-functional-programming에서도 예제 코드를 다운로드할 수 있다.

컬러 이미지 다운로드

이 책에서 사용된 그림과 다이어그램을 컬러 이미지로 볼 수 있는 PDF 파일을 제공한다. 이 컬러 이미지는 출력물에서 나타나는 차이점을 이해하는데 많은 도움이 될 것이다. 이 파일은 https://www.packtpub.com/sites/default/files/downloads/LearningCPPFunctionalProgramming_ColorImages.pdf에서 다운로드할 수 있다. 또한 에이콘출판사의 도서정보 페이지인 http://www.acornpub.co.kr/book/cplus-functional-programming에서도 다운로드할 수 있다.

정오표

내용의 정확성을 위해 항상 최선을 다하지만 실수가 발생할 수 있다. 책의 본문이나 코드에서 잘못된 부분을 발견하면 알려주기를 바란다. 그런 참여를 통해 책의 다음 버전을 개선하고, 다른 독자에게도 도움을 줄 수 있다. 오탈자를 발견하면 http://www.packtpub.com/submit-errata페이지에 접속해 책을 선택하고, Errata Submission 링크를 클릭해 오탈자의 세부 내용을 입력하면 된다. 보내준 오류 내용이 확인되면 웹사이트에 그 내용을 올리거나, 해당 도서의 정오표 섹션의 목록에 추가된다.

등록된 오탈자는 https://www.packtpub.com/books/content/support에 접속해서 검색 창에 책 제목을 입력하면 Errata 섹션에서 확인할 수 있다.

한국어판의 오탈자는 에이콘출판사의 도서정보 페이지 http://www.acornpub.co.kr/book/cplus-functional-programming에서도 확인 가능하다.

저작권 침해

인터넷상의 저작권 자료에 대한 불법 복제는 모든 미디어에서 발생하는 문제다. 팩트출판사는 저작권과 라이선스 보호를 매우 중요하게 생각한다. 어떤 형태로든 불법 복제물을 인터넷에서 발견한 경우, 적절하게 조치할 수 있도록 해당 주소나 웹사이트를 즉시 알려주길 바란다.

불법 복제가 의심되는 자료에 대한 링크는 copyright@packtpub.com으로 보내주기를 바란다.

저자를 보호하고 독자에게 귀중한 콘텐츠를 제공할 수 있도록 큰 도움을 주는 여러분께 감사를 전한다.

질문

이 책과 관련된 질문이 있을 경우, questions@packtpub.com으로 보내주면 문제 해결을 위해 최선을 다하겠다. 한국어판에 관한 질문은 이 책의 옮긴이나 에이콘출판사 편집팀(editor@acornpub.co.kr)으로 문의해주길 바란다.

01

모던 C++와 친숙해지기

C++ 프로그래밍 언어는 1979년 탄생 이래 극적인 변화를 거쳤다. 일부 사람들은 사용자 친화적이지 않은 C++ 사용에 약간의 두려움을 느끼기도 했다. 개발자가 직접 다뤄야 했던 메모리 관리는 이러한 이유 중 하나다. 다행히 모던 C++라고 부르는 계기가 된 C++11을 비롯해 C++14, C++17이 발표되면서 코드를 단순화할 수 있는 많은 기능이 소개되었다. C++ 언어의 가장 훌륭한 면은 저수준low-level 프로그래밍부터 웹 프로그래밍, 함수 프로그래밍까지 어떤 프로젝트라도 아우를 수 있는 최고의 언어라는 점이다.

1장에서는 모던 C++와 친숙해지기 위해 다음과 같은 주제를 다룬다.

- 모던 C++의 새로운 기능 익히기
- C++ 표준 라이브러리 구현 살펴보기
- 람다 표현식
- 스마트 포인터로 메모리 관리 자동화하기
- 튜플

▌ 모던 C++의 새로운 기능 익히기

이전의 C++와 비교하면 모던 C++에서 달라진 점은 무엇일까? 사실 많은 변화가 있기 때문에 이 내용을 전부 언급한다면 이 책은 훨씬 두꺼워졌을 것이다. 그럼에도 불구하고 코딩 생산성을 끌어올리기 위해 반드시 알아야 할 기능을 1장에서 다룬다. 우선 auto, decltype, nullptr 같은 새로운 키워드를 살펴본다. 그리고 비멤버 클래스 함수로 제공되는 begin( ), end( )와 범위 기반range-based for 루프를 사용해 컬렉션 내 요소를 순회하는 방법도 알아본다.

1장의 뒷부분에서는 C++11에 새로 추가된 람다 표현식, 스마트 포인터, 튜플에 대해 다룬다.

auto 키워드로 데이터 타입을 자동으로 정의하기

모던 C++ 이전에 auto 키워드는 변수가 자동 지속 기간automatic storage duration을 가져야 함을 명시적으로 나타내기 위해 사용했다. 자동 지속 기간은 어떤 변수가 해당 변수를 정의한 지점에서 생성되고 코드 블록을 빠져나가면 파괴되는 것을 말한다. 예를 들어 지역 변수는 함수의 시작 부분에서 정의될 때 만들어지고 코드 흐름이 이 함수를 빠져 나가면 파괴된다. 사실 이것은 기본 동작에 해당하므로 굳이 auto를 사용할 필요도 없었다. 따라서 모던 C++에서는 더 이상 자동 지속 기간을 지정하는 의미로 auto 키워드를 사용하지 않으며, 그 대신 새로운 의미를 갖게 됐다.

이제 C++11부터는 auto 키워드가 초기화에 선언된 변수의 실제 타입을 추론하기 위해 사용된다. C++14에서는 auto 키워드를 함수에 적용해 후행 반환 타입 trailing return type 을 사용할 수도 있다. 이게 무슨 뜻인지는 조금 뒤에 코드를 통해 알아보자.

다음의 auto.cpp 코드는 auto 키워드를 사용한 사례를 보여준다. 4개의 변수를 auto 키워드와 함께 정의한 뒤, typeid( ) 함수를 써서 각 변수의 실제 데이터 타입을 알아낸다.

```cpp
/* auto.cpp */
#include <iostream>
#include <typeinfo>

auto main( ) -> int
{
  std::cout << "[auto.cpp]" << std::endl;

  // 여러 개의 auto 타입 변수를 생성한다
  auto a = 1;
  auto b = 1.0;
  auto c = a + b;
  auto d = { b, c };

  // 변수의 실제 타입을 출력한다
  std::cout << "type of a: " << typeid(a).name( ) << std::endl;
  std::cout << "type of b: " << typeid(b).name( ) << std::endl;
  std::cout << "type of c: " << typeid(c).name( ) << std::endl;
  std::cout << "type of d: " << typeid(d).name( ) << std::endl;
  return 0;
}
```

이 코드에서 변수 a는 int 값을 저장하며, 변수 b는 double 값을 저장한다. 그리고 변수 a와 b를 더한 결과값을 c에 저장한다. int와 double 타입을 더했으므로 변수 c의 타입은 double 타입일 것이다. 마지막 변수 d는 initializer_list<double> 데이터 타입을 저장한다. 앞의 코드를 실행하면 다음과 같은 결과를 볼 수 있다.

```
C:\Windows\system32\cmd.exe                                        —    □    ×
[auto.cpp]
type of a: i
type of b: d
type of c: d
type of d: St16initializer_listIdE
```

결과를 보면 실제 데이터 타입의 첫 번째 문자가 표시된 것을 볼 수 있다. 즉 int는 i로 표시됐고, double은 d로, initializer_list<double>은 St16initializer_listIdE로 출력됐다. St16initializer_listIdE에서 끝에서 두 번째 문자인 소문자 d는 double 타입을 나타낸다.

 사용하는 컴파일러에 따라 데이터 타입을 알려면 RTTI(Run-Time Type Information) 기능을 켜야 할 수도 있다. 이 책에서 사용하는 GCC는 기본으로 RTTI 기능이 켜져 있다. 또한 typeid() 함수를 사용한 출력 결과도 컴파일러마다 다르므로, 원시 타입(raw type) 이름을 얻을 수도 있고, 위의 결과처럼 단순히 심볼 이름만 얻을 수도 있다.

auto 키워드는 함수의 반환 타입도 자동으로 추론한다. 두 매개변수의 합을 계산하는 add( ) 함수가 있다고 가정하자.

```
int add(int i, int j)
{
  return i + j;
}
```

add 함수는 auto 키워드를 써서 다음과 같이 리팩토링refactoring할 수 있다.

```
auto add(int i, int j)
{
  return i + j;
}
```

auto 타입 변수와 마찬가지로 컴파일러는 함수의 반환값을 참고해 정확한 반환 타입을 결정한다. 앞의 함수에서는 단순히 두 개의 정수를 더했으므로 반환 타입 역시 정수다.

auto 키워드의 또 다른 기능으로 후행 반환 타입이 있다. 이 기능을 사용하면 반환 타입을 지정할 수 있는데, 예를 들어 앞의 코드는 후행 반환 타입을 써서 다음처럼 바꿀 수 있다.

```
auto add(int i, int j) -> int
{
  return i + j;
}
```

이 코드를 자세히 보면 함수의 반환 타입에 auto를 사용했기 때문에 컴파일러가 알아서 반환 타입을 결정할 수 있을 것이다. 그럼에도 불구하고 후행 반환 타입 구문을 사용해서 -> 다음에 반환 타입으로 int를 지정하고 있다. 이유가 궁금하다면 조금 뒤에 나오는 decltype 키워드를 통해 해답을 찾을 수 있을 것이다.

이제 이 기능을 사용해 앞에서 본 auto.cpp 코드 중 main( ) 함수의 서명signature을 조금 수정해 보자.

```
int main( )
{
  // 함수의 내용
}
```

위의 코드는 다음처럼 바꿀 수 있다.

```
auto main -> int
{
    // 함수의 내용
}
```

앞으로 이 책의 모든 코드는 모던 C++에 적용된 후행 반환 타입 기능을 사용한다.

decltype 키워드로 표현식 타입 질의하기

auto 키워드는 변수에 저장된 값이 어떤 타입인지를 참고해 변수의 실제 타입을 추론한다고 배웠다. 또 반환하는 값의 타입을 보고 함수의 반환 타입 역시 추론할 수 있다는 점도 알게 됐다. 이제 auto와 decltype 키워드를 조합해서 모던 C++의 강력함을 느껴보자.

우선 decltype이 언제 사용되는지부터 알아보자. 이 키워드는 객체object나 표현식expression의 타입을 알고 싶을 때 사용한다. 여러 줄에 걸쳐 함수나 변수 등을 선언하는 다음 코드를 보자.

```
const int func1();
const int& func2();
int i;

struct X { double d; };
const X* x = new X();
```

decltype을 사용하면 앞의 코드를 기반으로 다른 변수를 선언할 수 있다.

```
// func1() 타입을 사용해서
// const int 변수를 선언한다
decltype(func1()) f1;

// func2() 타입을 사용해서
// const int& 변수를 선언한다
decltype(func2()) f2;

// i 타입을 사용해서
// int 변수를 선언한다
decltype(i) i1;

// struct X 타입을 사용해서
// double 변수를 선언한다
decltype(x->d) d1; // d1의 타입은 double이다.[1]
decltype((x->d)) d2; // d2의 타입은 const double&다.[2]
```

이와 같이 어떤 객체 타입을 기반으로 다른 객체 타입을 지정할 수 있다. 앞에서 작성했던 add() 함수를 템플릿으로 바꿔보자. 만약 auto와 decltype을 사용할 수 없다면, 템플릿 코드는 다음과 같을 것이다.

```
template<typename I, typename J, typename K>
K add(I i, J j)
{
  return i + j;
}
```

1, 2 코드를 자세히 보면 1은 x->d, 2는 (x->d)에 대해 decltype을 사용하고 있다. x->d는 x 인스턴스의 멤버 변수 d를 나타낸다. 따라서 decltype의 결과는 멤버 변수 d의 타입인 double이다. 반면에 (x->d)는 표현식을 나타낸다. 특히 이 경우는 표현식의 주소를 얻을 수 있는 왼쪽값(lvalue)이므로 decltype의 결과는 표현식의 주소 타입인 const double&가 된다. - 옮긴이

이제 auto와 decltype을 사용해서 코드를 다듬어보자. auto는 후행 반환 타입을 사용해서 함수의 반환 타입을 지정할 수 있고, decltype은 표현식을 참고해 타입을 추론할 수 있다고 배웠다. 따라서 코드를 다음과 같이 바꿀 수 있다.

```
template<typename I, typename J>
auto add(I i, J j) -> decltype(i + j)
{
    return i + j;
}
```

제대로 동작하는지 확인하기 위해 다음의 decltype.cpp 코드를 작성해서 실행해보자. 이 템플릿 코드는 두 개의 서로 다른 타입 int와 double을 더해서 결과를 출력한다.

```
/* decltype.cpp */
#include <iostream>

// 템플릿 함수를 생성한다
template<typename I, typename J>
auto add(I i, J j) -> decltype(i + j)
{
  return i + j;
}

auto main( ) -> int
{
  std::cout << "[decltype.cpp]" << std::endl;

  // 템플릿 함수를 호출한다
  auto d = add<int, double>(2, 2.5);

  // 결과를 출력한다
  std::cout << "result of 2 + 2.5: " << d << std::endl;
```

```
        return 0;
    }
```

코드를 실행하면 다음 결과를 볼 수 있다.

이와 같이 **auto**와 **decltype**을 조합하면, 모던 C++가 나오기 전에 우리가 보통 작성했던 것보다 더 간단한 방법으로 템플릿 코드를 만들 수 있다.

null 포인터

모던 C++의 또 다른 새로운 기능은 nullptr인데, 이 키워드는 null 포인터를 가리키기 위해 사용됐던 NULL 매크로를 대체한다. 이제 NULL 매크로를 사용할 때, 0을 지칭하는 것인지 아니면 null 포인터를 지칭하는 것인지 모호했던 경우를 피할 수 있다. 다음 두 개의 함수 서명을 보자.

```
    void funct(const char *);
    void funct(int)
```

첫 번째 함수는 매개변수가 포인터 타입이고 두 번째 함수는 정수다. 이제 다음과 같이 함수를 호출한다고 하자.

```
    funct(NULL);
```

원래 의도는 매개변수가 포인터인 첫 번째 함수를 호출하는 것이었다. 하지만 함수 호출에 사용된 인수 NULL은 사실 숫자 0으로 정의된 매크로이므로 원래 의도와 다르게 정수를 매개변수로 받는 두 번째 함수가 호출된다. 모던 C++에서는 확실하게 null 포인터를 가리키고 싶다면 다음처럼 쓸 수 있다.

```
funct(nullptr);
```

이제 컴파일러는 null 포인터를 매개변수로 받았기 때문에 원래 의도대로 첫 번째 함수를 실행한다. 더 이상 모호함은 없으며 예상하지 못한 문제도 피할 수 있다.

비멤버 함수 begin()과 end()

모던 C++ 이전에는 어떤 시퀀스sequence를 순회하려면 각 컨테이너의 begin( ), end( ) 멤버 함수를 호출했다. 배열이라면 인덱스를 사용해서 내부의 요소element를 순회할 수 있다. C++11부터는 반복자iterator를 반환하는 비멤버 함수 begin( ), end( ) 함수가 제공된다. 다음과 같은 배열이 있다고 하자.

```
int arr[] = { 0, 1, 2, 3, 4, 5, 6, 7, 8, 9 };
```

비멤버 함수로 begin( ), end( )가 제공되지 않는다면, 인덱스를 사용해서 배열의 요소를 반복해야 한다.

```
for (unsigned int i = 0; i < sizeof(arr)/sizeof(arr[0]); ++i)
// 배열에 필요한 작업을 처리한다
```

begin( ), end( ) 함수를 사용하면 위의 for 루프 코드를 다음과 같이 쓸 수 있다.

```
for (auto i = std::begin(arr); i != std::end(arr); ++i)
// 배열에 필요한 작업을 처리한다
```

이처럼 begin( )과 end( )가 반환하는 반복자를 사용하면, 배열의 길이를 신경 쓰지 않아도 되므로 결과적으로 간결한 코드를 만들 수 있다. 다음 begin_end.cpp 코드를 통해서 차이점을 다시 살펴보자.

```cpp
/* begin_end.cpp */
#include <iostream>

auto main( ) -> int
{
  std::cout << "[begin_end.cpp]" << std::endl;

  // 배열 선언
  int arr[] = { 0, 1, 2, 3, 4, 5, 6, 7, 8, 9 };

  // 전통적인 for-loop를 사용해서
  // 배열 내의 요소를 출력한다
  std::cout << "Displaying array element using conventional for-loop";
  std::cout << std::endl;
  for (unsigned int i = 0; i < sizeof(arr) / sizeof(arr[0]); ++i)
  std::cout << arr[i] << " ";
  std::cout << std::endl;

  // 비멤버 begin( ), end( ) 함수를 사용해서
  // 배열 내의 요소를 출력한다
  std::cout << "Displaying array element using non-member begin( )
    and end( )";
  std::cout << std::endl;
  for (auto i = std::begin(arr); i != std::end(arr); ++i)
    std::cout << *i << " ";
  std::cout << std::endl;

  return 0;
}
```

코드를 실행하면 다음 결과를 볼 수 있다.

```
[begin_end.cpp]
Displaying array element using conventional for-loop
0 1 2 3 4 5 6 7 8 9
Displaying array element using non-member begin() and end()
0 1 2 3 4 5 6 7 8 9
```

이처럼 보통의 for 루프를 사용했을 때와 begin( ), end( ) 함수를 사용했을 때 결과는 모두 동일하다.

범위 기반 for 루프로 컬렉션 내 요소 순회

모던 C++는 컬렉션 내 요소를 순회하기 위해 범위 기반 for 루프를 제공한다. 컬렉션 안의 요소 개수를 신경 쓰지 않고 각 요소에 어떤 작업을 해야 하거나, 배열 인덱스 범위의 초과 여부를 걱정하지 않고 각 요소에 접근하고 싶을 때 이 기능을 사용한다. 매우 단순한 구문인데, 만약 arr 이란 이름의 배열을 범위 기반 for 루프를 사용해서 순회한다면 다음과 같이 쓴다.

```
for (auto a : arr)
// a에 필요한 작업을 처리한다
```

앞에서 다뤘던 begin_end.cpp 코드에 범위 기반 for 루프를 적용하면 다음처럼 코드를 바꿀 수 있다.

```
/* range_based_for_loop.cpp */
#include <iostream>

auto main( ) -> int
{
```

```cpp
    std::cout << "[range_based_for_loop.cpp]" << std::endl;

    // 배열을 선언한다
    int arr[] = { 0, 1, 2, 3, 4, 5, 6, 7, 8, 9 };

    // 범위 기반 for-loop를 사용해서
    // 배열 내의 요소를 출력한다
    std::cout << "Displaying array element using range-based for loop";
    std::cout << std::endl;
    for (auto a : arr) std::cout << a << " ";
    std::cout << std::endl;

    return 0;
}
```

begin_end.cpp보다 코드가 단순해졌으며 결과는 동일하다. 위의 코드를 컴파일하면 오류가 발생하지 않으며, 코드를 실행하면 콘솔 화면에 다음과 같은 결과가 표시된다.

이제 컬렉션의 인덱스 범위에 대해 걱정할 필요가 없다. 앞으로 이 책의 코드는 범위 기반 for 루프를 사용한다.

▌ C++ 표준 라이브러리 구현 살펴보기

C++ 표준 라이브러리에는 프로그램 개발에 필요한 다양하고 풍부한 기능의 클래스와 함수가 들어있다. 표준 라이브러리는 C++ ISO 표준 위원회가 관리하며, C++11이 발표되기 전의 제네릭generic 라이브러리인 **표준 템플릿 라이브러리**STL, Standard Template Libraries의 영향

을 받는다. 표준 라이브러리의 모든 기능은 std 네임스페이스에 선언돼있고 헤더 파일은 더 이상 .h를 사용하지 않는다(C++ 표준 라이브러리에 통합된 ISO C90 C 표준 라이브러리의 18개 헤더는 제외한다).

C++ 표준 라이브러리의 선언은 많은 헤더 파일에 포함돼있다. 이 책의 정해진 분량에서 해당 파일을 모두 다루기는 어렵다. 따라서 지금부터는 그중 실무에서 가장 많이 사용하게 될 기능을 주로 다룬다.

컨테이너 안에 객체 배치하기

컨테이너는 다른 객체를 저장하고 이 객체가 사용하는 메모리를 관리한다. 특정 데이터 타입의 집합을 저장할 수 있는 배열, std::array는 C++11에 추가된 새로운 클래스다. std::array는 동일한 데이터 타입의 객체를 저장하고 선형으로 배치하는 순차 컨테이너다. 다음 코드를 보자.

```cpp
/* array.cpp */
#include <array>
#include <iostream>

auto main( ) -> int
{
  std::cout << "[array.cpp]" << std::endl;

  // 10개의 정수로 배열 초기화
  std::array<int, 10> arr = { 0, 1, 2, 3, 4, 5, 6, 7, 8, 9 };

  // 배열의 각 요소를 출력한다
  std::cout << "Original Data : ";
  for (auto a : arr) std::cout << a << " ";
  std::cout << std::endl;

  // 배열의 첫 번째와 세 번째 요소에 새로운 값을 설정한다
```

```
    arr[1] = 9;
    arr[3] = 7;

    // 수정된 배열의 요소를 출력한다
    std::cout << "Manipulated Data: ";
    for (auto a : arr) std::cout << a << " ";
    std::cout << std::endl;

    return 0;
}
```

코드에서 arr라는 이름의 배열을 만들 때 저장할 데이터 타입은 int, 요소 개수는 10으로 설정했다. 출력 결과는 예상대로 첫 번째 줄에 0부터 9까지의 정수를 출력하고, 두 번째 줄에는 수정된 값을 보여준다.

 array.cpp에서 사용한 std::array와 begin_end.cpp에서 사용한 보통의 배열 간에 성능 이슈는 없다. 하지만 std::array는 우리에게 친숙한 값 의미론(value semantic)을 사용한다.[3] 따라서 함수에 값으로 전달하거나 함수에서 값으로 반환이 가능하다. 또 std::array의 인터페이스를 사용하면 배열 크기를 쉽게 알 수 있고, 반복자를 기반으로 하는 표준 템플릿 라이브러리(STL)의 알고리즘을 활용하기도 좋다.

이처럼 배열은 데이터를 저장하고 제어할 수 있으며, 필요하면 배열 내의 특정 요소를 찾고 원하는 순서로 정렬할 수도 있다. 배열의 한가지 제약 사항은 크기를 변경할 수 없는 컴파일 타임 객체라는 점인데, 나중에 크기를 변경할 수 없으므로 배열을 생성할 때 크기를

---

3 C 스타일의 배열은 다른 배열에 대입이나 직접 복사를 할 수 없다. 반면에 std::array는 기본 타입처럼 구현됐으므로 값에 의한 전달(call by value)이나 대입이 가능하다. – 옮긴이

확정해야 한다. 이런 제약으로 인해 기존 배열에 요소를 삽입하거나 제거할 수 없다. 이 문제를 해결할 수 있는 다른 컨테이너로 벡터vector가 있다. 다음 코드를 살펴보자.

```cpp
/* vector.cpp */
#include <vector>
#include <iostream>

auto main( ) -> int
{
  std::cout << "[vector.cpp]" << std::endl;

  // 3개의 정수로 vector 초기화
  std::vector<int> vect = { 0, 1, 2 };

  // vector의 각 요소를 출력한다
  std::cout << "Original Data : ";
  for (auto v : vect) std::cout << v << " ";
  std::cout << std::endl;

  // 2개의 데이터를 추가한다
  vect.push_back(3);
  vect.push_back(4);

  // 수정된 vector의 각 요소를 출력한다
  std::cout << "New Data Added : ";
  for (auto v : vect) std::cout << v << " ";
  std::cout << std::endl;

  // vector의 두 번째와 네 번째 요소의 값을 수정한다
  vect.at(2) = 5;
  vect.at(4) = 6;

  // 수정된 vector의 각 요소를 출력한다
  std::cout << "Manipulate Data: ";
  for (auto v : vect) std::cout << v << " ";
  std::cout << std::endl;
```

```
    return 0;
}
```

이 코드는 배열 대신 벡터를 사용했다. push_back( ) 함수를 사용하면 새로운 요소를 추가할 수 있다. 배열과 다르게 벡터는 필요하면 언제든지 요소를 추가할 수 있다. 벡터는 특정 인덱스 요소의 참조를 반환하는 at( ) 함수를 갖고 있으므로 요소의 값을 수정하는 것도 쉽다. 코드의 실행 결과는 다음과 같다.

 인덱스로 컨테이너의 특정 요소에 접근할 때는 [ ] 연산자 대신, 항상 at( ) 함수를 사용하자. 만약 인덱스가 컨테이너 범위를 벗어나면 at( ) 함수는 out_of_range 예외를 던지는 데 반해, [ ] 연산자는 미정의 동작(undefined behavior)을 유발한다.

알고리즘 사용하기

배열이나 벡터에 저장된 요소는 정렬이 가능하며 특정 값을 가진 요소를 찾을 수도 있다. 이때는 C++ 표준 라이브러리가 제공하는 알고리즘을 사용한다. 알고리즘 중 정렬 기능을 사용하는 코드를 보자.

```
/* sort.cpp */
#include <vector>
#include <algorithm>
#include <iostream>

bool comparer(int a, int b)
```

```cpp
{
  return (a > b);
}

auto main() -> int
{
  std::cout << "[sort.cpp]" << std::endl;

  // 여러 개의 정수로 벡터 초기화
  std::vector<int> vect = { 20, 43, 11, 78, 5, 96 };

  // 벡터의 각 요소 출력
  std::cout << "Original Data : ";
  for (auto v : vect)
  std::cout << v << " ";
  std::cout << std::endl;

  // 벡터 요소를 오름차순으로 정렬
  std::sort(std::begin(vect), std::end(vect));

  // 오름차순으로 정렬된 벡터 출력
  std::cout << "Ascending Sorted : ";
  for (auto v : vect)
  std::cout << v << " ";
  std::cout << std::endl;

  // comparer를 사용해 내림차순으로 정렬
  std::sort(std::begin(vect), std::end(vect), comparer);

  // 내림차순으로 정렬된 벡터 출력
  std::cout << "Descending Sorted: ";
  for (auto v : vect)
  std::cout << v << " ";
  std::cout << std::endl;

  return 0;
}
```

앞의 코드에서는 sort( ) 함수를 두 번 호출했다. 첫 번째는 정렬할 범위를 인자로 넘겼고, 두 번째는 비교 함수 comparer( )를 사용해 유연성을 좀 더 부여했다. 코드를 실행해서 출력 결과를 보자.

```
Command Prompt                              —    □    ×
[sort.cpp]
Original Data   : 20 43 11 78 5 96
Ascending Sorted : 5 11 20 43 78 96
Descending Sorted: 96 78 43 20 11 5
```

처음에 정렬되지 않은 상태로 벡터의 6개 요소를 출력한다. 다음으로 sort( ) 함수를 사용해서 벡터를 정렬한다. sort( ) 함수를 두 번째 호출할 때는 comparer( )를 인자로 넘긴다. comparer( ) 함수는 두 개의 입력 인자 중 큰 값을 찾기 때문에 벡터는 내림차순으로 정렬된다.

이제 또 다른 알고리즘으로 특정 요소를 찾는 기능을 살펴보자. 이번에는 Vehicle 클래스가 등장하는데 이 클래스는 두 개의 private 멤버, m_vehicleType과 m_totalOfWheel을 가지며, GetType( )과 GetNumOfWheel( ) 함수를 통해 각 변수 값을 얻을 수 있다. 또한 Vehicle 클래스는 기본 생성자와 사용자 정의 생성자를 갖는다. 클래스 선언은 다음과 같다.

```
/* vehicle.h */
#ifndef __VEHICLE_H__
#define __VEHICLE_H__

#include <string>

class Vehicle
{
  private:
    std::string m_vehicleType;
    int m_totalOfWheel;
```

```
    public:
      Vehicle(
        const std::string &type,
        int _wheel);
      Vehicle();
      ~Vehicle();
      std::string GetType() const { return m_vehicleType; }
      int GetNumOfWheel() const { return m_totalOfWheel; }
  };

  #endif // End of __VEHICLE_H__
```

Vehicle 클래스의 구현도 살펴보자.

```
  /* vehicle.cpp */
  #include "vehicle.h"

  using namespace std;

  // 기본 생성자
  Vehicle::Vehicle() : m_totalOfWheel(0)
  {
  }

  // 사용자 정의 생성자
  Vehicle::Vehicle(const string &type, int wheel) :
    m_vehicleType(type),
    m_totalOfWheel(wheel)
  {
  }

  // 소멸자
  Vehicle::~Vehicle()
  {
  }
```

이제 Vehicle 객체의 인스턴스를 vector 컨테이너에 저장하고, 각 인스턴스의 m_totalOfWheel 값을 기준으로 필요한 요소를 찾는다.

```cpp
/* find.cpp */
#include <vector>
#include <algorithm>
#include <iostream>
#include "../vehicle/vehicle.h"

using namespace std;
bool TwoWheeled(const Vehicle &vehicle)
{
  return vehicle.GetNumOfWheel() == 2 ?
    true : false;
}

auto main() -> int
{
  cout << "[find.cpp]" << endl;

  // 여러 개의 Vehicle 인스턴스를 생성하고 초기화한다
  Vehicle car("car", 4);
  Vehicle motorcycle("motorcycle", 2);
  Vehicle bicycle("bicycle", 2);
  Vehicle bus("bus", 6);
  // 위에서 만들어 둔 Vehicle 인스턴스를 벡터에 추가한다
  vector<Vehicle> vehicles = { car, motorcycle, bicycle, bus };

  // 벡터의 각 요소를 출력한다
  cout << "All vehicles:" << endl;;
  for (auto v : vehicles)
    std::cout << v.GetType() << endl;
  cout << endl;

  // m_totalOfWheel이 2로 설정된 요소를 찾아서 출력한다
  cout << "Two-wheeled vehicle(s):" << endl;
```

```
auto tw = find_if(
                begin(vehicles),
                end(vehicles),
                TwoWheeled);
while (tw != end(vehicles))
{
  cout << tw->GetType() << endl;
  tw = find_if(++tw, end(vehicles), TwoWheeled);
}
cout << endl;

// m_totalOfWheel이 2가 아닌 요소를 찾아서 출력한다
cout << "Not the two-wheeled vehicle(s):" << endl;
auto ntw = find_if_not(begin(vehicles),
                      end(vehicles),
                      TwoWheeled);
while (ntw != end(vehicles))
{
  cout << ntw->GetType() << endl;
  ntw = find_if_not(++ntw, end(vehicles), TwoWheeled);
}

return 0;
}
```

앞의 코드에서 Vehicle 객체의 인스턴스를 4개 생성하고 벡터에 저장했다. 그리고 m_totalOfWheel 값이 2인 Vehicle 인스턴스를 찾는다. find_if()가 이 목적으로 사용됐으며, 비교 함수로 TwoWheeled()를 넘겨준다. TwoWheeled()에서는 GetNumOfWheel() 함수를 호출해 m_totalOfWheel 값을 확인한다. 반대로 비교 대상과 일치하지 않는 요소를 찾을 때는 C++11에 추가된 find_if_not() 함수를 사용한다. 실행 결과는 다음과 같다.

```
[find.cpp]
All vehicles:
car
motorcycle
bicycle
bus

Two-wheeled vehicle(s):
motorcycle
bicycle

Not the two-wheeled vehicle(s):
car
bus
```

 vehicle.cpp 코드와 find.cpp에는 using namespace std; 구문이 있다. 이렇게 std 네임스
페이스를 코드 처음에 선언해 두면 매번 std::를 입력해야 하는 수고를 덜 수 있다. 반면
에 vehicle.h 파일을 보면 시작 부분에 std 네임스페이스를 선언하지 않고, 각 멤버 변수와
함수 앞에 일일이 std::를 사용하고 있다. 이렇게 한 이유는 이름 충돌을 피하기 위해서다.
만약 우리가 라이브러리를 만들어서 외부에 제공한다고 하자. 라이브러리를 전달할 때는
헤더 파일도 같이 제공하는데, 만약 라이브러리를 사용하는 쪽에 동일한 이름의 함수가 있
다면 이름 충돌이 발생한다. 그러므로 헤더 파일에는 using namespace를 쓰지 않는 것이
좋다.

알고리즘에서 많이 사용되는 또 다른 기능은 for_each 루프다. for_each 루프는 필요한
함수도 정의할 수 있어서 코드가 간결해지며 오류 발생 가능성도 낮출 수 있다. 앞의 코드
를 for_each를 사용하도록 수정해보자.

```
/* for_each.cpp */
#include <vector>
#include <algorithm>
#include <iostream>
#include "../vehicle/vehicle.h"

using namespace std;
```

```
void PrintOut(const Vehicle &vehicle)
{
  cout << vehicle.GetType() << endl;
}

auto main() -> int
{
  cout << "[for_each.cpp]" << endl;

  // 여러 개의 Vehicle 인스턴스를 생성하고 초기화한다
  Vehicle car("car", 4);
  Vehicle motorcycle("motorcycle", 2);
  Vehicle bicycle("bicycle", 2);
  Vehicle bus("bus", 6);

  // 위에서 만들어 둔 Vehicle 인스턴스를 벡터에 추가한다
  vector<Vehicle> vehicles = { car, motorcycle, bicycle, bus };

  // 벡터의 각 요소를 출력한다
  cout << "All vehicles:" << endl;
  for_each(begin(vehicles), end(vehicles), PrintOut);

  return 0;
}
```

---

for_each 루프로 코드가 더 명확해졌다. 첫 번째와 마지막 반복자, 그리고 컨테이너의 각
요소를 대상으로 호출할 함수(이 코드에서는 PrintOut( ))만 전달하면 되므로 사용법도 간단
하다.

▎ 람다 표현식

람다 표현식은 함수의 익명 표기법이다. 특히 함수형 프로그래밍에서 람다 표현식은 일급 함수first class function와 순수 함수pure function를 만들 때 유용한데, 이 내용은 2장에서 다룬다. 람다 표현식을 구성하는 3개의 핵심 부분을 살펴보면서 새로운 기능과 친숙해지도록 하자.

- 캡처 목록capturing list : [ ]
- 매개변수 목록parameter list : ( )
- 본문: {}

3개의 핵심 부분의 순서는 다음과 같다.

[ ] ( ) { }

캡처 목록은 람다 표현식 바깥의 변수를 람다 본문에서 어떻게 접근하는지 나타낸다. 또 람다 표현식의 시작을 나타내기 때문에 람다 표현식을 식별하는 용도도 있다. 캡처 목록에 &를 쓰면 바깥 범위에 있는 변수를 참조로 캡처하고, =을 쓰면 값으로 캡처한다(조금 뒤에 더 자세히 다룬다). 매개변수 목록은 람다 표현식을 사용할 때 넘겨줄 인수를 나타내며 본문은 함수의 실제 구현 부분이다.

간단한 함수를 람다로 표현하기

한 번만 실행되는 한 줄짜리 간단한 함수가 있다고 하자. 이러한 함수는 클래스의 멤버 함수나 전역 함수로 만들기보다는 함수가 필요한 곳에 직접 필요한 작업을 정의하면, 가독성이 향상되고 컴파일러가 최적화할 가능성도 높아진다. 조금 전 다뤘던 for_each.cpp 파일에는 PrintOut( ) 함수가 있는데, 이 함수는 for_each( )에서 한 번만 호출된다. 따라서 여기에 람다를 적용하면, 별도의 함수 정의가 필요 없어 for_each 루프를 한눈에 파악할 수 있다. 정말 그런지 다음 코드에서 람다 사용 부분을 주의 깊게 살펴보자.

```cpp
/* lambda_tiny_func.cpp */
#include <vector>
#include <algorithm>
#include <iostream>
#include "../vehicle/vehicle.h"

using namespace std;

auto main() -> int
{
  cout << "[lambda_tiny_func.cpp]" << endl;

  // 여러 개의 Vehicle 인스턴스를 생성하고 초기화한다
  Vehicle car("car", 4);
  Vehicle motorcycle("motorcycle", 2);
  Vehicle bicycle("bicycle", 2);
  Vehicle bus("bus", 6);

  // 위에서 만들어 둔 Vehicle 인스턴스를 벡터에 추가한다
  vector<Vehicle> vehicles = { car, motorcycle, bicycle, bus };

  // 람다 표현식으로 벡터의 각 요소를 출력한다
  cout << "All vehicles:" << endl;
  for_each(
        begin(vehicles),
        end(vehicles),
        [](const Vehicle &vehicle) {
            cout << vehicle.GetType() << endl;
        });

  return 0;
}
```

이 코드에서는 for_each.cpp 파일에서 사용한 PrintOut( ) 함수를 람다 표현식으로 바꾸고 for_each 루프에 전달했다. 실행 결과는 for_each.cpp와 동일하지만, 코드가 더 간결하며 읽기도 쉽다.

여러 줄의 함수를 람다로 표현하기

람다 표현식은 여러 줄의 함수에도 사용할 수 있다. 이번에는 새로운 코드를 작성한다. 이 코드는 int 벡터를 사용하며 선택한 요소가 소수[prime number]인지 아닌지를 검사한다. PrintPrime( ) 같은 별도의 함수를 만들어서 사용할 수도 있지만 소수 여부 판단은 한 번이면 충분하므로 람다 표현식을 사용한다. 코드는 다음과 같다.

```cpp
/* lambda_multiline_func.cpp */
#include <vector>
#include <algorithm>
#include <iostream>

using namespace std;

auto main( ) -> int
{
  cout << "[lambda_multiline_func.cpp]" << endl;

  // 벡터에 정수 추가
  vector<int> vect;
  for (int i = 0; i < 10; ++i)
    vect.push_back(i);

  // 벡터 내의 요소가 소수인지 아닌지 출력
  for_each(
        begin(vect),
        end(vect),
        [](int n) {
          cout << n << " is";
```

```cpp
            if(n < 2)
            {
              cout << " not";
            }
            else
            {
              for (int j = 2; j < n; ++j)
                {
                  if (n % j == 0)
                  {
                    cout << " not";
                    break;
                  }
                }
            }

            cout << " prime number" << endl;
        });

    return 0;
  }
```

코드를 실행한 결과는 다음과 같다.

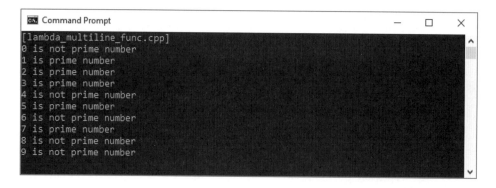

결과에서 볼 수 있듯이 람다 표현식을 이용해 소수 여부를 제대로 판별하고 있다.

람다 표현식에서 값 반환

람다를 이용한 앞의 두 예제는 단순히 출력 용도로만 람다를 사용했기 때문에 어떤 값도 반환할 필요가 없었다. 하지만 함수에서 어떤 계산을 처리하고 그 결과를 반환하는 것처럼, 필요하다면 람다도 값을 반환할 수 있다. 다음 예제 코드를 보자.

```cpp
/* lambda_returning_value.cpp */
#include <vector>
#include <algorithm>
#include <iostream>

using namespace std;

auto main( ) -> int
{
  cout << "[lambda_returning_value.cpp]" << endl;

  // 벡터 vect에 정수 추가
  vector<int> vect;
  for (int i = 0; i < 10; ++i)
    vect.push_back(i);

  // 벡터 vect 내의 각 요소 출력
  cout << "Original Data:" << endl;
  for_each(
        begin(vect),
        end(vect),
        [](int n) {
            cout << n << " ";
        });
  cout << endl;

  // 또 다른 벡터 vect2 생성
  vector<int> vect2;
  // vect와 똑같은 크기로 vect2의 크기 조정
  vect2.resize(vect.size( ));
```

```cpp
// vect의 각 요소를 제곱하여 vect2에 저장
transform(
        begin(vect),
        end(vect),
        begin(vect2),
        [](int n) {
           return n * n;
        });

// vect2의 각 요소 출력
cout << "Squared Data:" << endl;
for_each(
        begin(vect2),
        end(vect2),
        [](int n) {
           cout << n << " ";
        });
cout << endl;

// 또 다른 벡터 vect3 생성
vector<double> vect3;
// vect와 똑같은 크기로 vect3의 크기 조정
vect3.resize(vect.size());
// vect2의 각 요소의 평균 값을 vect3에 저장
transform(
        begin(vect2),
        end(vect2),
        begin(vect3),
        [](int n) -> double {
           return n / 2.0;
        });

// vect3의 각 요소를 출력
cout << "Average Data:" << endl;
for_each(
        begin(vect3),
        end(vect3),
```

```cpp
        [](double d) {
            cout << d << " ";
        });
    cout << endl;

    return 0;
}
```

이 코드는 transform( ) 함수를 두 번 사용한다. 첫 번째는 n * n의 결과 값을 반환하는 람다 표현식과 같이 사용됐다. 이때 람다 표현식에 반환하는 타입을 따로 명시하지 않았는데, 컴파일러가 람다 본문을 통해 정수 값을 반환하리라는 걸 알 수 있으므로 반환 타입 생략이 가능하다. transform( )을 호출한 결과로 vect의 각 요소의 제곱 값이 vect2에 저장된다.

필요하다면 람다 표현식의 반환 타입을 명시할 수 있다. 두 번째로 transform( ) 함수를 호출할 때는 람다 표현식에 -> 기호를 사용해 double 타입 반환을 명시적으로 나타낸다. 코드의 실행 결과는 다음과 같다.

```
Command Prompt                                          —   □   ×
[lambda_returning_value.cpp]
Original Data:
0 1 2 3 4 5 6 7 8 9
Squared Data:
0 1 4 9 16 25 36 49 64 81
Average Data:
0 0.5 2 4.5 8 12.5 18 24.5 32 40.5
```

출력 결과를 보면 람다 표현식으로 각 요소의 제곱과 평균 값 계산을 제대로 처리했음을 알 수 있다.

람다 표현식에서 값 캡처하기

앞의 코드에서 람다 표현식의 캡처 목록을 비어있는 대괄호 [ ]로 표기했다. 따라서 캡처하는 것이 없고 컴파일러가 생성한 익명 객체도 추가 멤버 변수를 갖지 않는다. 필요하다면 대괄호에 람다가 캡처할 변수를 지정할 수 있다. 좀 더 알아보기 위해 예제 코드를 보자.

```
/* lambda_capturing_by_value.cpp */
#include <vector>
#include <algorithm>
#include <iostream>

using namespace std;

auto main() -> int
{
  cout << "[lambda_capturing_by_value.cpp]" << endl;

  // 몇 개의 정수로 벡터를 초기화한다
  vector<int> vect;
  for (int i = 0; i < 10; ++i)
  vect.push_back(i);

  // 벡터의 각 요소를 출력한다
  cout << "Original Data:" << endl;
  for_each(
        begin(vect),
        end(vect),
        [](int n) {
            cout << n << " ";
        });
  cout << endl;

  // 두 개의 변수를 초기화한다
  int a = 2;
  int b = 8;
```

```cpp
    // 명시적으로 두 변수를 캡처한다
    cout << "Printing elements between " << a;
    cout << " and " << b << " explicitly [a,b]:" << endl;
    for_each(
        begin(vect),
        end(vect),
        [a,b](int n) {
            if (n >= a && n <= b)
            cout << n << " ";
        });
    cout << endl;

    // a와 b의 값을 수정한다
    a = 3;
    b = 7;

    // 암시적으로 두 변수를 캡처한다
    cout << "printing elements between " << a;
    cout << " and " << b << " implicitly[=]:" << endl;
    for_each(
        begin(vect),
        end(vect),
        [=](int n) {
            if (n >= a && n <= b)
            cout << n << " ";
        });
    cout << endl;

    return 0;
}
```

앞의 코드에서 한 번은 명시적으로, 또 한 번은 암시적으로 람다 표현식에서 값을 캡처한다. 만약 두 개의 변수 a, b가 있고 명시적으로 이 변수만 캡처하고 싶다면 캡처 목록에 [a, b]를 적어주면 된다. 이후에 람다 표현식의 본문에서 이 두 개의 변수로 필요한 작업을 구현한다. 암시적으로 모든 변수를 값으로 캡처하려면 캡처 목록에 [=]을 적어준다. 그러면 본문에서 사용하는 변수가 외부의 어떤 변수인지를 람다 표현식이 알 수 있다. 코드 실행 결과는 다음과 같다.

람다 표현식 바깥의 변수를 수정하지 않고도 캡처한 변수의 상태를 변경할 수 있는데, 앞의 코드와 동일한 방법을 사용하되 다음 코드처럼 mutable 키워드를 추가한다.

```cpp
/* lambda_capturing_by_value_mutable.cpp */
#include <vector>
#include <algorithm>
#include <iostream>

using namespace std;

auto main() -> int
{
  cout << "[lambda_capturing_by_value_mutable.cpp]" << endl;

  // 몇 개의 정수로 벡터를 초기화한다
  vector<int> vect;
  for (int i = 0; i < 10; ++i)
    vect.push_back(i);

  // 벡터의 각 요소를 출력한다
  cout << "Original Data:" << endl;
  for_each(
        begin(vect),
        end(vect),
        [](int n) {
```

```cpp
                    cout << n << " ";
            });
    cout << endl;

    // 두 개의 변수를 초기화한다
    int a = 1;
    int b = 1;

    // 두 변수를 값으로 캡처하므로,
    // 외부 값이 실제로 변경되지는 않는다
    for_each(
            begin(vect),
            end(vect),
            [=](int& x) mutable {
                const int old = x;
                x *= 2;
                a = b;
                b = old;
            });

    // 벡터의 각 요소를 출력한다
    cout << "Squared Data:" << endl;
    for_each(
            begin(vect),
            end(vect),
            [](int n) {
                cout << n << " ";
            });
    cout << endl << endl;

    // a와 b의 값을 출력한다
    cout << "a = " << a << endl;
    cout << "b = " << b << endl;

    return 0;
}
```

앞의 코드에서는 벡터 vect의 각 요소에 2를 곱한다. 람다 표현식에서는 값을 캡처하며 mutable 키워드를 사용한다. 자세히 보면 (int& x)를 통해 벡터의 각 요소에 대한 참조를 매개변수 목록에 넘겨주고 본문에서 여기에 2를 곱한다. 그런 다음 a와 b의 값을 수정한다. 비록 A와 B의 캡처된 값을 람다 내부에서 수정할 수 있도록 mutable 키워드를 사용했지만, 참조가 아닌 값으로 캡처됐기 때문에 A와 B의 외부 값은 변하지 않는다. 실행결과를 확인하자.

```
Command Prompt                                                    —    □    ×

[lambda_capturing_by_value_mutable.cpp]
Original Data:
0 1 2 3 4 5 6 7 8 9
Squared Data:
0 2 4 6 8 10 12 14 16 18

a = 1
b = 1
```

만약 a와 b의 값을 수정하고 싶다면 참조를 캡처해야 한다. 이때는 [&a, &b]처럼 캡처 목록에 참조를 전달하면 된다. 자세한 내용을 다음 코드에서 살펴보자.

```cpp
/* lambda_capturing_by_reference.cpp */
#include <vector>
#include <algorithm>
#include <iostream>

using namespace std;

auto main() -> int
{
  cout << "[lambda_capturing_by_reference.cpp]" << endl;

  // 몇 개의 정수로 벡터를 초기화한다
  vector<int> vect;
  for (int i = 0; i < 10; ++i)
    vect.push_back(i);
```

```cpp
// 벡터의 각 요소를 출력한다
cout << "Original Data:" << endl;
for_each(
      begin(vect),
      end(vect),
      [](int n) {
          cout << n << " ";
      });
cout << endl;

// 두 개의 변수를 초기화한다
int a = 1;
int b = 1;

// 두 변수를 참조로 캡처하고,
// 값을 수정한다
for_each(
      begin(vect),
      end(vect),
      [&a, &b](int& x) {
          const int old = x;
          x *= 2;
          a = b;
          b = old;
      });

// 벡터의 각 요소를 출력한다
cout << "Squared Data:" << endl;
for_each(
      begin(vect),
      end(vect),
      [](int n) {
          cout << n << " ";
      });
cout << endl << endl;
```

```
    // a와 b의 값을 출력한다
    cout << "a = " << a << endl;
    cout << "b = " << b << endl;

    return 0;
}
```

앞의 코드는 lambda_capturing_by_value_mutable.cpp처럼 벡터 vect의 각 요소에 2 를 곱한다. 하지만 이번에는 참조를 캡처하므로 for_each 루프를 통과할 때, 람다 표현식 바깥의 a와 b의 값도 수정된다. 다음에서 a와 b의 수정된 값을 확인해보자.

```
Command Prompt                                              —    □    ×
[lambda_capturing_by_reference.cpp]
Original Data:
0 1 2 3 4 5 6 7 8 9
Squared Data:
0 2 4 6 8 10 12 14 16 18

a = 8
b = 9
```

초기화 캡처

C++14에는 람다 표현식에 새로운 기능이 추가됐는데 바로 초기화 캡처^{initialization capture} 다. 이제 변수의 값을 캡처해서 람다 표현식의 변수에 할당할 수 있다. 초기화 캡처를 사 용한 다음 코드를 보자.

```
/* lambda_initialization_captures.cpp */
#include <iostream>

using namespace std;

auto main( ) -> int
{
```

```
    cout << "[lambda_initialization_captures.cpp]" << endl;

    // 변수 초기화
    int a = 5;
    cout << "Initial a = " << a << endl;

    // a를 사용해서 람다에서 사용하는 변수 x의 값을 초기화한다
    auto myLambda = [&x = a]() { x += 2; };

    // 람다를 실행한다
    myLambda();

    // 변수 값을 출력한다
    cout << "New a = " << a << endl;

    return 0;
}
```

앞의 코드에서는 int 타입 변수 a에 5를 대입하고 람다 표현식 myLambda가 a의 값을 캡처해서 본문에서 사용한다. 결과적으로 a의 값은 2가 더해져서 7이 된다. 코드를 실행한 결과는 다음과 같다.

이처럼 초기화 캡처를 통해 람다 표현식 내에서 사용할 값을 미리 준비해 둘 수 있다.

제네릭 람다 표현식

C++14 이전에는 람다 표현식의 매개변수 목록에 반드시 변수의 타입을 명시해야 했다. C++14부터는 매개변수 목록에도 auto 사용이 가능해졌는데, 따라서 다음 코드와 같이

제네릭 람다 표현식을 사용할 수 있다. 다음 예제 코드에는 전달된 두 개의 숫자 중에서 더 큰 값을 찾는 람다 표현식이 있는데, 매개변수 목록에 auto를 사용했기 때문에 어떤 데이터 타입도 람다에 넘겨줄 수 있다. 따라서 findMax() 함수에 int와 float 데이터 타입을 전달하는데 아무 문제가 없다.

```cpp
/* lambda_expression_generic.cpp */
#include <iostream>

using namespace std;

auto main() -> int
{
  cout << "[lambda_expression_generic.cpp]" << endl;

  // 람다 표현식을 만든다
  auto findMax = [](auto &x, auto &y) {
    return x > y ? x : y; };

  // 여러 개의 변수를 초기화한다
  int i1 = 5, i2 = 3;
  float f1 = 2.5f, f2 = 2.05f;

  // int 타입으로 제네릭 람다 표현식을 사용한다
  cout << "i1 = 5, i2 = 3" << endl;
  cout << "Max: " << findMax(i1, i2) << endl << endl;

  // double 타입으로 제네릭 람다 표현식을 사용한다
  cout << "f1 = 2.5f, f2 = 2.05f" << endl;
  cout << "Max: " << findMax(f1, f2) << endl << endl;

  return 0;
}
```

실행 결과는 다음과 같다.

```
Command Prompt                                              —     □     ×
[lambda_expression_generic.cpp]
i1 = 5, i2 = 3
Max: 5

f1 = 2.5f, f2 = 2.05f
Max: 2.5
```

> ℹ️ C++17에는 람다 표현식에 2개의 새로운 기능이 포함된다. 첫 번째로 캡처 목록에 *this를 사용해 객체의 복사본을 캡처할 수 있다. 두 번째로 람다 표현식을 사용해서 constexpr 객체를 컴파일 타임에 생성할 수 있다. 아직 C++ 17이 배포되지 않았기 때문에 사용할 수는 없다.[4]

▌ 스마트 포인터로 메모리 관리 자동화하기

스마트 포인터는 C++를 효과적으로 사용할 수 있게 해주는 매우 유용하고 필수적인 기능이다. 〈memory〉 헤더 파일에서 C++11에 추가된 스마트 포인터의 새로운 기능을 찾아볼 수 있다. C++11 이전에는 스마트 포인터로 auto_ptr를 오랜 시간 동안 사용했다. 하지만 auto_ptr는 안전하지 않은 복사를 사용하므로 더 이상 사용되지 않는다.[5] 대신 C++11부터 unique_ptr를 사용할 수 있는데, auto_ptr와 비슷한 기능을 제공하면서 deleter와 배열 지원 등의 추가 기능도 들어있다. auto_ptr로 처리할 수 있는 모든 것은 unique_ptr

---

4 C++17 공식 표준은 2017년 12월에 발표됐다. GCC, VC++ 등의 주요 컴파일러는 이미 추가 옵션을 통해 C++17 빌드를 지원하고 있다. GCC에서는 빌드 옵션에 -std=c++17을, VC++는 /std:c++17을 추가하면 된다. – 옮긴이

5 C++11에 unique_ptr가 등장하면서 더 이상 필요 없어진 auto_ptr는 하위 호환성을 위해 폐기 예정(deprecated)으로 분류됐다. 하지만 C++17 공식 표준부터는 아예 제거됐으므로, 혹시 auto_ptr를 사용한 기존 코드가 있다면 unique_ptr로 바꿔줘야 한다. – 옮긴이

로 처리 가능하므로, 이제 unique_ptr를 사용해야 한다. 지금부터는 unique_ptr를 비롯한 다른 스마트 포인터, shared_ptr와 weak_ptr에 대해서 알아본다.

unique_ptr로 원시 포인터 대체하기

unique_ptr는 빠르고, 효율적이며 원시 포인터raw pointer를 대체할 수 있다. 또 가리키는 객체를 독점한다는 의미의 독점 소유권exclusive ownership을 제공한다. 독점 소유권으로 인해 소멸자가 호출될 때, null이 아닌 객체를 가리키고 있다면 객체를 파괴한다. 객체를 독점하므로 복사할 수도 없다. 그래서 복사 생성자와 복사 할당자가 없다. 비록 복사할 수는 없지만 이동 생성자move constructor와 이동 할당자move assignment는 제공하기 때문에 이동은 가능하다.

unique_ptr는 다음과 같은 방법으로 생성할 수 있다.

```
auto up1 = unique_ptr<int>{};
auto up2 = unique_ptr<int>{ nullptr };
auto up3 = unique_ptr<int>{ new int { 1234 } };
```

이 코드에서 up1과 up2는 null을 가리키는 두 개의 unique_ptr를 생성하고, up3은 값 1234가 저장된 주소를 가리키는 unique_ptr를 생성한다. C++14에는 unique_ptr를 생성할 수 있는 새로운 함수, make_unique가 추가되었다.

```
auto up4 = make_unique<int>(1234);
```

up4는 값 1234가 저장된 새로운 주소를 가리킨다.

이제 예제 코드를 살펴보자.

```cpp
/* unique_ptr_1.cpp */
#include <memory>
#include <iostream>

using namespace std;

struct BodyMass
{
  int Id;
  float Weight;

  BodyMass(int id, float weight) :
    Id(id),
    Weight(weight)
    {
      cout << "BodyMass is constructed!" << endl;
      cout << "Id = " << Id << endl;
      cout << "Weight = " << Weight << endl;
    }
  ~BodyMass()
  {
    cout << "BodyMass is destructed!" << endl;
  }
};

auto main() -> int
{
  cout << "[unique_ptr_1.cpp]" << endl;
  auto myWeight = make_unique<BodyMass>(1, 165.3f);
  cout << endl << "Doing something!!!" << endl << endl;
  return 0;
}
```

이 코드에서는 BodyMass 데이터 타입을 저장한 주소를 가리키는 unique_ptr를 생성한다. BodyMass는 생성자와 소멸자를 갖는다. 이제 코드를 실행해서 unique_ptr가 어떻게 동작하는지 알아보자.

```
Command Prompt                                             —    □    ×
[unique_ptr_1.cpp]
BodyMass is constructed!
Id = 1
Weight = 165.3

Doing something!!!

BodyMass is destructed!
```

출력 결과를 보면 unique_ptr가 생성될 때 생성자가 호출된다. 전통적인 C++에서는 포인터를 사용하면 메모리를 수동으로 해제해야 했지만, 모던 C++의 스마트 포인터는 범위를 벗어나면 자동으로 메모리를 해제한다. 앞의 코드에서는 프로그램이 종료될 때, 즉 myWeight가 범위를 벗어날 때 BodyMass의 소멸자가 호출된다.

이번에는 다른 코드를 살펴보면서 unique_ptr의 독점 소유권 특징을 알아보자.

```cpp
/* unique_ptr_2.cpp */
#include <memory>
#include <iostream>

using namespace std;
struct BodyMass
{
  int Id;
  float Weight;

  BodyMass(int id, float weight) :
    Id(id),
    Weight(weight)
    {
      cout << "BodyMass is constructed!" << endl;
```

66

```cpp
        cout << "Id = " << Id << endl;
        cout << "Weight = " << Weight << endl;
    }

  BodyMass(const BodyMass &other) :
    Id(other.Id),
    Weight(other.Weight)
    {
      cout << "BodyMass is copy constructed!" << endl;
      cout << "Id = " << Id << endl;
      cout << "Weight = " << Weight << endl;
    }

  ~BodyMass()
    {
      cout << "BodyMass is destructed!" << endl;
    }
};

auto main() -> int
{
  cout << "[unique_ptr_2.cpp]" << endl;

  auto myWeight = make_unique<BodyMass>(1, 165.3f);

  // unique_ptr를 사용했기 때문에
  // 컴파일러는 동일한 메모리나 객체를 가리키는 또 다른 포인터 생성을
  // 금지한다
  //auto myWeight2 = myWeight;

  // *myWeight는 unique_ptr이 아닌, 할당된 실제 객체를 나타내므로
  // 아래 코드는 허용된다
  auto copyWeight = *myWeight;

  return 0;
}
```

이 코드에서 보는 것처럼 unique_ptr는 다른 포인터에 대입할 수 없다. 왜냐하면 unique_ptr의 독점 소유권 특징을 깨트리기 때문이다. 만약 예제 코드에서 다음 줄의 주석을 풀고 컴파일하면 컴파일 에러가 발생한다.

```
auto myWeight2 = myWeight;
```

하지만 할당된 unique_ptr의 값을 다음 코드처럼 다른 객체에 대입하는 것은 허용된다. 제대로 동작하는지 확인하기 위해 이 코드가 실행될 때, 콘솔 로그를 남기도록 BodyMass에 복사 생성자를 추가했다. 추가된 복사 생성자 코드는 굵은 강조 폰트로 표시했다.

```
auto copyWeight = *myWeight;
```

unique_ptr_2.cpp 코드를 실행하면 다음의 출력 결과를 볼 수 있다.

```
[unique_ptr_2.cpp]
BodyMass is constructed!
Id = 1
Weight = 165.3
BodyMass is copy constructed!
Id = 1
Weight = 165.3
BodyMass is destructed!
BodyMass is destructed!
```

코드에서 copyWeight는 새로 정의되는 객체이므로 대입이 일어나면 복사 생성자가 호출된다. 이때는 'unique_ptr 객체 자체'가 아니라 'unique_ptr 객체의 값'을 복사한다는 것을 잘 알아두자.

앞에서 얘기했듯이 unique_ptr는 복사할 수 없지만 이동은 가능하다. 다음 코드를 살펴보자.

```cpp
/* unique_ptr_3.cpp */
#include <memory>
#include <iostream>

using namespace std;

struct BodyMass
{
  int Id;
  float Weight;

  BodyMass(int id, float weight) :
    Id(id),
    Weight(weight)
    {
      cout << "BodyMass is constructed!" << endl;
      cout << "Id = " << Id << endl;
      cout << "Weight = " << Weight << endl;
    }

  ~BodyMass()
    {
      cout << "BodyMass is destructed!" << endl;
    }
};

unique_ptr<BodyMass> GetBodyMass()
{
  return make_unique<BodyMass>(1, 165.3f);
}

unique_ptr<BodyMass> UpdateBodyMass(
  unique_ptr<BodyMass> bodyMass)
  {
```

```
        bodyMass->Weight += 1.0f;
        return bodyMass;
    }

  auto main( ) -> int
  {
    cout << "[unique_ptr_3.cpp]" << endl;

    auto myWeight = GetBodyMass( );

    cout << "Current weight = " << myWeight->Weight << endl;

    myWeight = UpdateBodyMass(move(myWeight));
    cout << "Updated weight = " << myWeight->Weight << endl;

    return 0;
  }
```

이 코드에는 새로운 두 개의 함수, GetBodyMass( )와 UpdateBodyMass( ) 함수가 등장한다. GetBodyMass( )는 새로운 unique_ptr 객체를 만들고 UpdateBodyMass( ) 함수는 멤버 변수 Weight 값을 수정한다. UpdateBodyMass( ) 함수에 인수를 전달할 때 move( ) 함수를 사용했는데, 복사 생성자가 없기 때문에 멤버 변수 Weight를 수정하려면 객체 인스턴스를 이 동해야 한다. 코드 실행 결과는 다음과 같다.

```
Command Prompt                                    —    □    ✕
[unique_ptr_3.cpp]
BodyMass is constructed!
Id = 1
Weight = 165.3
Current weight = 165.3
Updated weight = 166.3
BodyMass is destructed!
```

shared_ptr로 객체 공유하기

unique_ptr와 다르게 shared_ptr는 공유 소유권^{shared ownership}을 구현하므로 복사 생성자와 복사 할당자를 제공한다. 비록 unique_ptr와 shared_ptr는 구현 차이가 있지만, 사실 unique_ptr에 참조 횟수가 추가된 것이 shared_ptr라고 볼 수 있다. 따라서 멤버 함수 use_count( )를 호출하면 shared_ptr가 참조된 횟수를 알 수 있다. shared_ptr 객체 인스턴스는 각각 하나의 참조 횟수로 계산된다. shared_ptr를 다른 shared_ptr 변수에 복사하면 참조 횟수가 하나 증가하고, shared_ptr 객체가 파괴되면 소멸자가 참조 횟수를 하나 감소시킨다. 참조 횟수가 0이 되면 비로소 객체가 삭제된다. 다음 예제 코드를 보자.

```cpp
/* shared_ptr_1.cpp */
#include <memory>
#include <iostream>

using namespace std;

auto main( ) -> int
{
cout << "[shared_ptr_1.cpp]" << endl;

  auto sp1 = shared_ptr<int>{};

  if (sp1)
    cout << "sp1 is initialized" << endl;
  else
    cout << "sp1 is not initialized" << endl;
  cout << "sp1 pointing counter = " << sp1.use_count( ) << endl;
  if (sp1.unique( ))
    cout << "sp1 is unique" << endl;
  else
    cout << "sp1 is not unique" << endl;
  cout << endl;
  sp1 = make_shared<int>(1234);
  if (sp1)
```

```cpp
        cout << "sp1 is initialized" << endl;
    else
        cout << "sp1 is not initialized" << endl;
    cout << "sp1 pointing counter = " << sp1.use_count() << endl;
    if (sp1.unique())
        cout << "sp1 is unique" << endl;
    else
        cout << "sp1 is not unique" << endl;
    cout << endl;

    auto sp2 = sp1;
    cout << "sp1 pointing counter = " << sp1.use_count() << endl;
    if (sp1.unique())
        cout << "sp1 is unique" << endl;
    else
        cout << "sp1 is not unique" << endl;
    cout << endl;

    cout << "sp2 pointing counter = " << sp2.use_count() << endl;
    if (sp2.unique())
        cout << "sp2 is unique" << endl;
    else
        cout << "sp2 is not unique" << endl;
    cout << endl;

    sp2.reset();

    cout << "sp1 pointing counter = " << sp1.use_count() << endl;
    if (sp1.unique())
        cout << "sp1 is unique" << endl;
    else
        cout << "sp1 is not unique" << endl;
    cout << endl;

    return 0;
}
```

코드를 분석하기 전에 출력 결과부터 확인하자.

```
[shared_ptr_1.cpp]
sp1 is not initialized
sp1 pointing counter = 0
sp1 is not unique

sp1 is initialized
sp1 pointing counter = 1
sp1 is unique

sp1 pointing counter = 2
sp1 is not unique

sp2 pointing counter = 2
sp2 is not unique

sp1 pointing counter = 1
sp1 is unique
```

처음에 shared_ptr 객체 sp1을 생성하지만 아직 어떤 것도 가리키지 않으므로 참조 횟수는 0이다. 또 가리키는 것이 없으므로 sp1.unique( )는 false가 될 것이다. 다음으로 make_shared( ) 함수로 sp1을 초기화한다. 이제 참조 횟수는 1이 된다. sp1은 유일한 shared_ptr 객체이므로 sp1.unique( )는 true다. 다음으로 또 다른 변수 sp2를 만들고 sp1을 복사한다. 이제 sp1과 sp2는 동일한 객체를 공유한다. 따라서 sp1과 sp2의 참조 횟수는 모두 2가 되고, sp1.unique( )와 sp2.unique( )의 값은 false다. 마지막으로 sp2에서 reset( ) 함수를 호출해 sp2 객체를 파괴한다. 따라서 sp1의 참조 개수는 다시 1이 되고 sp1.unique( ) 값 역시 true가 된다.

shared_ptr_1.cpp 코드의 첫 부분에서 shared_ptr의 동작을 분석하기 위해 shared_ptr<int>를 사용해서 직접 shared_ptr 인스턴스를 만들었다. 하지만 실무에서 shared_ptr를 생성할 때는 make_shared<>를 사용해야 한다. 왜냐하면 make_shared<>는 객체를 저장할 메모리 공간과 참조 횟수를 유지하는데 필요한 공간을 한번에 할당하기 때문에 속도가 훨씬 빠르다.

weak_ptr로 객체 추적하기

앞에서 shared_ptr에 관해 알아봤다. 사실 shared_ptr는 약간 무거운 포인터인데, 논리적으로 관리 대상 객체와 use_count() 함수를 사용하는 카운터 객체, 두 개를 가리키기 때문이다. 모든 shared_ptr는 기본적으로 강한 참조 횟수strong reference count와 약한weak 참조 횟수를 가진다. 강한 참조 횟수는 객체가 삭제되는 것을 방지하는데 사용하지만, 약한 참조 횟수는 객체의 삭제 여부에 영향을 미치지 않는다. weak_ptr는 shared_ptr가 관리하는 객체를 참조하는데 이때는 약한 참조 횟수가 증가한다. weak_ptr의 장점은 가리키는 객체가 유효한 경우만 접근할 수 있기 때문에 강한 참조 횟수가 0이 됐을 때 객체가 삭제되는 걸 막지 않는다. 이런 특징은 데이터 구조를 다룰 때 유용하다. 다음 코드를 통해 weak_ptr의 동작을 분석해보자.

```cpp
/* weak_ptr_1.cpp */
#include <memory>
#include <iostream>

using namespace std;

auto main() -> int
{
  cout << "[weak_ptr_1.cpp]" << endl;

  auto sp = make_shared<int>(1234);

  auto wp = weak_ptr<int>{ sp };

  if (wp.expired())
    cout << "wp is expired" << endl;
  else
    cout << "wp is not expired" << endl;
  cout << "wp pointing counter = " << wp.use_count() << endl;
  if (auto locked = wp.lock())
    cout << "wp is locked. Value = " << *locked << endl;
```

```cpp
    else
    {
      cout << "wp is unlocked" << endl;
      wp.reset();
    }
    cout << endl;


    sp = nullptr;

    if (wp.expired())
      cout << "wp is expired" << endl;
    else
      cout << "wp is not expired" << endl;
    cout << "wp pointing counter = " << wp.use_count() << endl;
    if (auto locked = wp.lock())
      cout << "wp is locked. Value = " << *locked << endl;
    else
    {
      cout << "wp is unlocked" << endl;
      wp.reset();
    }
    cout << endl;

    return 0;
}
```

코드 실행 결과를 먼저 확인하자.

```
[weak_ptr_1.cpp]
wp is not expired
wp pointing counter = 1
wp is locked. Value = 1234

wp is expired
wp pointing counter = 0
wp is unlocked
```

처음에 shared_ptr 변수 sp를 생성하고, weak_ptr 변수 wp는 sp가 관리하는 객체를 가리키도록 한다. 다음으로 wp의 expired() 함수를 호출해서 참조하는 객체가 이미 만료됐는지 확인한다. wp는 이제 막 생성된 상태이므로 아직 만료되지 않았다. 그리고 use_count() 함수를 호출해서 참조 횟수를 알아본다. 다음으로 lock() 함수를 호출해 참조 객체를 관리하는 shared_ptr를 새로 생성하고 weak_ptr가 가리키는 값을 출력한다. 새로 생성된 shared_ptr 변수 locked는 값 1234가 저장된 주소를 가리킨다.

다음으로 sp를 리셋해 nullptr로 만든다. 이때 weak_ptr인 wp를 직접 변경하지 않았지만 wp 역시 영향을 받는다. 가리키는 객체가 없어졌으므로 wp가 만료되고 참조 횟수도 0이 된다. 이 상태에서 호출한 lock() 함수는 비어 있는 shared_ptr를 반환한다.

▌ 튜플을 사용해 다양한 데이터 타입 저장하기

튜플은 서로 다른 데이터 타입의 컬렉션을 저장할 수 있기 때문에 특히, 함수의 반환 값을 처리할 때 매우 유용하다. 튜플은 C++11의 새로운 기능이며 함수형 프로그래밍 적용을 가능하게 한다. 함수형 프로그래밍에서는 함수 내부에서 전역 상태를 변경하지 않는다. 따라서 값을 변경하는 대신, 변경이 필요한 모든 값을 튜플에 담아서 반환할 수 있다. 다음 예제 코드를 보자.

```cpp
/* tuples_1.cpp */
#include <tuple>
#include <iostream>

using namespace std;

auto main() -> int
{
  cout << "[tuples_1.cpp]" << endl;
```

```cpp
    // 두 개의 튜플을 초기화한다
    tuple<int, string, bool> t1(1, "Robert", true);
    auto t2 = make_tuple(2, "Anna", false);

    // t1의 각 요소를 출력한다
    cout << "t1 elements:" << endl;
    cout << get<0>(t1) << endl;
    cout << get<1>(t1) << endl;
    cout << (get<2>(t1) == true ? "Male" : "Female") << endl;
    cout << endl;

    // t2의 각 요소를 출력한다
    cout << "t2 elements:" << endl;
    cout << get<0>(t2) << endl;
    cout << get<1>(t2) << endl;
    cout << (get<2>(t2) == true ? "Male" : "Female") << endl;
    cout << endl;

    return 0;
}
```

코드에서 t1, t2 두 개의 튜플을 생성했다. 각 튜플은 다른 방식으로 생성됐는데 t1은 tuple<int, string, bool>을, t2는 make_tuple을 사용했다. 생성 방법이 다르지만 그 결과는 동일하다. 그런 다음 get<x>(y)를 사용해서 튜플의 각 요소의 값을 읽는다. 이때 x는 인덱스이며, y는 튜플 객체를 가리킨다. 코드 실행 결과는 다음과 같다.

```
[tuples_1.cpp]
t1 elements:
1
Robert
Male

t2 elements:
2
Anna
Female
```

튜플에서 값 읽기

튜플에서 자주 사용되는 또 다른 함수는 tie( )다. 이 함수는 튜플에서 개별 값을 읽어 들이거나 lvalue를 참조하는 튜플을 생성할 때 사용한다. tie( )로 값을 가져올 때, 필요하지 않은 요소를 제외하고 싶다면 ignore를 사용한다. 다음 코드에서 tie( )와 ignore의 사용 예를 알아보자.

```cpp
/* tuples_2.cpp */
#include <tuple>
#include <iostream>

using namespace std;

auto main( ) -> int
{
  cout << "[tuples_2.cpp]" << endl;

  // 두 개의 튜플을 초기화한다
  tuple<int, string, bool> t1(1, "Robert", true);
  auto t2 = make_tuple(2, "Anna", false);

  int i;
  string s;
  bool b;

  // t1에서 값을 추출한다
  tie(i, s, b) = t1;
  cout << "tie(i, s, b) = t1" << endl;
  cout << "i = " << i << endl;
  cout << "s = " << s << endl;
  cout << "b = " << boolalpha << b << endl;
  cout << endl;

  // t2에서 값을 추출한다
  tie(ignore, s, ignore) = t2;
```

```
        cout << "tie(ignore, s, ignore) = t2" << endl;
        cout << "new i = " << i << endl;
        cout << "new s = " << s << endl;
        cout << "new b = " << boolalpha << b << endl;
        cout << endl;

        return 0;
}
```

이 코드는 앞에서 다뤘던 tuples_1.cpp와 동일한 두 개의 튜플을 생성한다. 그런 다음
tie( ) 함수로 t1의 값을 i, s, b 변수로 각각 추출한다. 다음으로 t2에서 tie( ) 함수로 값
을 추출할 때는 s 변수로만 값을 가져오며 int와 bool 데이터는 제외한다. 실행 결과를
확인하자.

```
[tuples_2.cpp]
tie(i, s, b) = t1
i = 1
s = Robert
b = true

tie(ignore, s, ignore) = t2
new i = 1
new s = Anna
new b = true
```

튜플 값 타입 반환

앞서 언급했듯이 여러 개의 데이터를 반환하는 함수를 만들 때는 튜플이 안성맞춤이다. 튜
플을 어떻게 반환하고 반환 값에는 어떻게 접근하는지 예제 코드로 알아보자.

```
/* tuples_3.cpp */
#include <tuple>
#include <iostream>
```

```cpp
using namespace std;

tuple<int, string, bool> GetData(int DataId)
{
  if (DataId == 1)
    return std::make_tuple(0, "Chloe", false);
  else if (DataId == 2)
    return std::make_tuple(1, "Bryan", true);
  else
    return std::make_tuple(2, "Zoey", false);
}

auto main() -> int
{
  cout << "[tuples_3.cpp]" << endl;

  auto name = GetData(1);
  cout << "Details of Id 1" << endl;
  cout << "ID = " << get<0>(name) << endl;
  cout << "Name = " << get<1>(name) << endl;
  cout << "Gender = " << (get<2>(name) == true ?
    "Male" : "Female");
  cout << endl << endl;

  int i;
  string s;
  bool b;
  tie(i, s, b) = GetData(2);
  cout << "Details of Id 2" << endl;
  cout << "ID = " << i << endl;
  cout << "Name = " << s << endl;
  cout << "Gender = " << (b == true ? "Male" : "Female");
  cout << endl;
  return 0;
}
```

이 코드에서 GetData( ) 함수는 tuple<int, string, bool> 타입을 반환한다. 처음에는 auto 변수 name에 GetData( )가 반환하는 튜플을 저장하고 get<>( )을 통해 값을 읽는다. 두 번째로 GetData( ) 함수를 호출할 때는 tie( )를 사용한다. 코드 실행 결과는 다음과 같다.

```
[tuples_3.cpp]
Details of Id 1
ID = 0
Name = Chloe
Gender = Female

Details of Id 2
ID = 1
Name = Bryan
Gender = Male
```

▌ 요약

1장을 통해서 모던 C++의 주요 기능을 다뤘다. 이제 C++가 현대적이고, 양질의 프로그램을 개발하는데 필요한 다양한 기능을 제공한다는 점을 이해했을 것이다. 표준 라이브러리를 사용하면 함수를 다시 만들 필요 없이 이미 제공되는 함수를 사용할 수 있기 때문에 작업 효율을 높일 수 있다. 람다 표현식을 사용하면 깔끔하고, 읽기 쉽고 관리하기 편한 코드를 작성할 수 있다. 또한 스마트 포인터를 사용하면 수동 메모리 관리에 대한 걱정을 덜수 있다. 함수형 프로그래밍에서는 어떤 상태가 변하지 않는다는 불변성immutability이 주요 관심사인데, 튜플을 사용하면 코드에서 전역 상태를 제거할 수 있어 함수형 코드 작성에 도움이 된다. 이 부분은 2장에서 자세히 다룬다.

2장은 함수형 프로그래밍의 주요 개념인 일급 함수와 순수 함수에 관해 알아본다. 이들은 결과적으로 함수형 코드에서 부작용을 방지하는 역할을 한다.

02

함수형 프로그래밍에서 함수 다루기

1장에서 모던 C++의 새로운 기능을 얘기하면서, 특히 C++11의 새로운 기능인 람다 표현식도 알아봤다. 이미 배운 것처럼 람다 표현식은 함수 표현을 간결하게 한다. 2장에서는 함수형 코드를 통해 람다 표현식의 강력함을 알아보는데, 특히 함수를 분해하고 줄이는 기술인 커링currying을 적용해본다.

2장에서는 다음 주제를 다룬다.

- 함수를 다른 변수에 대입하거나 다른 함수에 전달하거나 반환 값으로 사용하는 일급 함수와 고차higher-order 함수
- 함수 바깥, 즉 외부 상태를 다루지 않도록 해 부작용을 방지하는 순수 함수
- 매개변수가 여러 개인 함수를 단일 매개변수를 갖는 여러 개의 함수로 나눠서 실행하는 커링

▮ 일급 함수

일급 함수는 보통의 데이터 객체처럼 취급된다. 일급 함수를 지원하는 언어는 컴파일러의 반복 호출 없이 다음의 작업을 처리할 수 있다.

- 다른 함수의 매개변수로 함수 전달
- 변수에 함수 대입
- 컨테이너에 함수 저장
- 런타임에 새로운 함수 생성

다른 함수의 매개변수로 함수 전달

먼저 함수의 매개변수에 함수를 전달하는 방법을 알아보자. 다음 코드는 4개의 함수 중 하나를 선택해서 메인 함수에서 호출하도록 한다.

```cpp
/* first_class_1.cpp */
#include <functional>
#include <iostream>

using namespace std;

// 두 개의 int 타입 변수를 받아서
// int 타입을 반환하는 FuncType이란 이름의
// 함수 타입을 정의한다
typedef function<int(int, int)> FuncType;

int addition(int x, int y)
{
  return x + y;
}

int subtraction(int x, int y)
```

```cpp
{
  return x - y;
}

int multiplication(int x, int y)
{
  return x * y;
}

int division(int x, int y)
{
  return x / y;
}

void PassingFunc(FuncType fn, int x, int y)
{
  cout << "Result = " << fn(x, y) << endl;
}

auto main() -> int
{
  cout << "[first_class_1.cpp]" << endl;
  int i, a, b;
  FuncType func;

  // 메뉴를 출력한다
  cout << "Select mode:" << endl;
  cout << "1. Addition" << endl;
  cout << "2. Subtraction" << endl;
  cout << "3. Multiplication" << endl;
  cout << "4. Division" << endl;
  cout << "Choice: ";
  cin >> i;

  // 허용된 메뉴만 사용할 수 있게 한다
  if (i < 1 || i > 4)
  {
    cout << "Please select available mode!";
```

```cpp
        return 1;
    }
    // 변수 a의 값을 입력받는다
    cout << "a -> ";
    cin >> a;

    // a의 값이 유효한지 확인한다
    while (cin.fail())
    {
        // cin의 에러 플래그를 초기화해서 cin을 사용 가능한 상태로 만든다
        cin.clear();
        // 마지막 입력은 무시한다
        cin.ignore(INT_MAX, '\n');
        cout << "You can only enter numbers.\n";
        cout << "Enter a number for variable a -> ";
        cin >> a;
    }

    // 변수 b의 값을 입력받는다
    cout << "b -> ";
    cin >> b;

    // b의 값이 유효한지 확인한다
    while (cin.fail())
    {
        // cin의 에러 플래그를 초기화해서 cin을 사용 가능한 상태로 만든다
        cin.clear();

        // 마지막 입력은 무시한다
        cin.ignore(INT_MAX, '\n');

        cout << "You can only enter numbers.\n";
        cout << "Enter a number for variable b -> ";
        cin >> b;
    }
    switch (i)
    {
```

```
        case 1: PassingFunc(addition, a, b); break;
        case 2: PassingFunc(subtraction, a, b); break;
        case 3: PassingFunc(multiplication, a, b); break;
        case 4: PassingFunc(division, a, b); break;
    }

    return 0;
}
```

앞의 코드는 4개의 함수 중 하나를 사용자가 선택해서 실행하도록 한다. switch 구문이 바로 사용자의 선택에 맞는 함수를 실행하는 부분이다. 선택된 함수를 PassingFunc( )의 인수로 사용한다.

```
case 1: PassingFunc(addition, a, b); break;
case 2: PassingFunc(subtraction, a, b); break;
case 3: PassingFunc(multiplication, a, b); break;
case 4: PassingFunc(division, a, b); break;
```

추가적으로 사용자가 유효한 메뉴 범위 1에서 4 사이의 수를 입력하지 않았거나 a와 b에 정수가 아닌 값을 입력한 경우 에러로 처리한다. 실행 결과는 다음과 같다.

```
[first_class_1.cpp]
Select mode:
1. Addition
2. Subtraction
3. Multiplication
4. Division
Choice: 3
a -> r
You can only enter numbers.
Enter a number for variable a -> e
You can only enter numbers.
Enter a number for variable a -> 4
b -> 2
Result = 8
```

실행 결과를 보면 선택한 모드는 3번 Multiplication이다. 그런 다음 a 변수의 값으로 r과 e를 입력했지만 기대한 정수 값이 아니므로 에러로 처리됐다. 마지막으로 a 변수 값으로 4를, b 변수 값으로 2를 입력했으므로 예상된 결과 값 8이 출력됐다.

> first_class_1.cpp는 코드를 간략히 하기 위해 typedef과 std::function을 사용했다. std::function은 호출 가능한 함수, 람다 표현식, 또는 다른 함수 객체, 멤버 함수에 대한 포인터, 멤버 변수에 대한 포인터 등을 저장, 복사, 호출할 때 사용한다. typedef 키워드는 다른 타입이나 함수에 대한 별칭(alias)을 정의할 때 사용한다.

변수에 함수 대입

변수에 함수를 대입하면 그 변수를 사용해 함수를 호출하도록 할 수 있다. 앞에서 사용한 예제 코드 firtst_class_1.cpp를 이런 방식으로 수정해보자.

```cpp
/* first_class_2.cpp */
#include <functional>
#include <iostream>

using namespace std;

// 두 개의 int 타입 변수를 받아서
// int 타입을 반환하는 FuncType이란 이름의
// 함수 타입을 정의한다
typedef function<int(int, int)> FuncType;

int addition(int x, int y)
{
   return x + y;
}

int subtraction(int x, int y)
```

```
{
  return x - y;
}

int multiplication(int x, int y)
{
  return x * y;
}

int division(int x, int y)
{
  return x / y;
}

void PassingFunc(FuncType fn, int x, int y)
{
  cout << "Result = " << fn(x, y) << endl;
}

auto main() -> int
{
  cout << "[first_class_2.cpp]" << endl;

  int i, a, b;
  FuncType func;

  // 메뉴를 출력한다
  cout << "Select mode:" << endl;
  cout << "1. Addition" << endl;
  cout << "2. Subtraction" << endl;
  cout << "3. Multiplication" << endl;
  cout << "4. Division" << endl;
  cout << "Choice: ";
  cin >> i;

  // 허용된 메뉴만 사용할 수 있게 한다
  if (i < 1 || i > 4)
  {
```

```cpp
        cout << "Please select available mode!";
        return 1;
    }

    // 변수 a의 값을 입력받는다
    cout << "a -> ";
    cin >> a;

    // a의 값이 유효한지 확인한다
    while (cin.fail())
    {
        // cin의 에러 플래그를 초기화해서 cin을 사용 가능한 상태로 만든다
        cin.clear();

        // 마지막 입력은 무시한다
        cin.ignore(INT_MAX, '\n');

        cout << "You can only enter numbers.\n";
        cout << "Enter a number for variable a -> ";
        cin >> a;
    }

    // 변수 b의 값을 입력받는다
    cout << "b -> ";
    cin >> b;

    // b의 값이 유효한지 확인한다
    while (cin.fail())
    {
        // cin의 에러 플래그를 초기화해서 cin을 사용 가능한 상태로 만든다
        cin.clear();

        // 마지막 입력은 무시한다
        cin.ignore(INT_MAX, '\n');

        cout << "You can only enter numbers.\n";
```

```
      cout << "Enter a number for variable b -> ";
      cin >> b;
    }

    switch (i)
    {
      case 1: func = addition; break;
      case 2: func = subtraction; break;
      case 3: func = multiplication; break;
      case 4: func = division; break;
    }
    cout << "Result = " << func(a, b) << endl;

    return 0;
  }
```

이번에는 switch 구문에서 사용자가 선택한 함수를 func 변수에 대입한다.

```
    switch (i)
    {
      case 1: func = addition; break;
      case 2: func = subtraction; break;
      case 3: func = multiplication; break;
      case 4: func = division; break;
    }
```

func 변수에 함수를 대입한 뒤에는 마치 함수를 호출하듯이 func 변수를 사용한다.

```
    cout << "Result = " << func(a, b) << endl;
```

코드 실행 결과는 first_class_1.cpp와 동일하다.

컨테이너에 함수 저장

이번에는 함수를 컨테이너에 저장해보자. 사용할 컨테이너는 벡터다. 예제 코드를 보자.

```cpp
/* first_class_3.cpp */
#include <vector>
#include <functional>
#include <iostream>

using namespace std;

// 두 개의 int 타입 변수를 받아서
// int 타입을 반환하는 FuncType이란 이름의
// 함수 타입을 정의한다
typedef function<int(int, int)> FuncType;

int addition(int x, int y)
{
  return x + y;
}

int subtraction(int x, int y)
{
  return x - y;
}

int multiplication(int x, int y)
{
  return x * y;
}

int division(int x, int y)
{
  return x / y;
}

auto main() -> int
```

```cpp
{
  cout << "[first_class_3.cpp]" << endl;

  // FuncType을 요소로 가지는 vector 선언
  vector<FuncType> functions;

  // 여러 개의 FuncType을 vector에 할당
  functions.push_back(addition);
  functions.push_back(subtraction);
  functions.push_back(multiplication);
  functions.push_back(division);

  int i, a, b;
  function<int(int, int)> func;

  // 메뉴를 출력한다
  cout << "Select mode:" << endl;
  cout << "1. Addition" << endl;
  cout << "2. Subtraction" << endl;
  cout << "3. Multiplication" << endl;
  cout << "4. Division" << endl;
  cout << "Choice: ";
  cin >> i;

  // 허용된 메뉴만 사용할 수 있게 한다
  if (i < 1 || i > 4)
  {
    cout << "Please select available mode!";
    return 1;
  }

  // 변수 a의 값을 입력받는다
  cout << "a -> ";
  cin >> a;

  // a의 값이 유효한지 확인한다
  while (cin.fail())
```

```cpp
{
    // cin의 에러 플래그를 초기화해서 cin을 사용 가능한 상태로 만든다
    cin.clear();

    // 마지막 입력은 무시한다
    cin.ignore(INT_MAX, '\n');

    cout << "You can only enter numbers.\n";
    cout << "Enter a number for variable a -> ";
    cin >> a;
}

// 변수 b의 값을 입력받는다
cout << "b -> ";
cin >> b;

// b의 값이 유효한지 확인한다
while (cin.fail())
{
    // cin의 에러 플래그를 초기화해서 cin을 사용 가능한 상태로 만든다
    cin.clear();

    // 마지막 입력은 무시한다
    cin.ignore(INT_MAX, '\n');

    cout << "You can only enter numbers.\n";
    cout << "Enter a number for variable b -> ";
    cin >> b;
}

// vector 내부의 함수를 호출한다
cout << "Result = " << functions.at(i - 1)(a, b) << endl;

return 0;
}
```

이 코드에서는 functions라는 벡터 컨테이너를 생성하고 4개의 함수를 여기에 저장한다. 사용자 입력을 받는 부분은 동일하지만 switch 구문은 더 이상 필요 없으므로 코드가 더 단순해졌다. 다음 코드처럼 인덱스를 통해 벡터 컨테이너에 저장된 함수를 곧바로 선택하고 호출할 수 있다.

```
cout << "Result = " << functions.at(i - 1)(a, b) << endl;
```

메뉴는 1부터 시작하는 반면, 벡터의 인덱스는 **0**부터 시작하므로 사용자 입력 값이 저장된 변수 i에서 1을 빼야 한다. 코드 실행 결과는 위의 두 예제와 동일하다.

런타임에 새로운 함수 생성

이번에는 이미 만들어진 함수에서 새로운 함수를 런타임에 생성해본다. 우선 두 개의 함수 컬렉션을 만든다. 첫 번째는 쌍곡선hyperbolic 함수이고 두 번째는 역inverse 쌍곡선 함수다. 각 함수 컬렉션에는 세 개의 내장built-in 함수와 하나의 사용자 정의 함수가 들어있다. 각 컬렉션에서 함수를 하나씩 가져온 다음, 이 두 개의 함수를 합성composition하여 새로운 함수를 만든다.

 함수 합성(Function Composition)은 두 개 이상의 간단한 함수를 조합해 더 복잡한 하나의 함수로 만드는 것을 의미한다. 각 함수의 처리 결과는 그 다음 함수의 인수가 된다. 최종 결과는 마지막 함수의 처리 결과에서 얻는다. 수학적으로 함수 합성은 다음과 같이 표기한다.

```
compose( f, g ) ( x ) = f( g( x ) )
```

다음과 같은 코드가 있다고 하자.

```
double x, y, z;
// …
y = g( x );
z = f( y );
```

함수 합성을 사용해서 이 코드를 다시 쓰면, z를 다음처럼 쓸 수 있다.

```
z = f( g( x ) );
```

쌍곡선 함수를 실행한 결과를 그 역함수에 넘겼을 때의 결과 값은 처음 쌍곡선 함수에 전달한 인수와 동일하다. 예제 코드를 보자.

```cpp
/* first_class_4.cpp */
#include <vector>
#include <cmath>
#include <algorithm>
#include <functional>
#include <iostream>

using std::vector;
using std::function;
using std::transform;
using std::back_inserter;
using std::cout;
using std::endl;

// double 타입을 인자로 받고 double 타입을 반환하는 HyperbolicFunc란 이름의
// 함수 타입을 정의한다
typedef function<double(double)> HyperbolicFunc;

// 4개의 함수를 갖도록 벡터를 초기화한다
vector<HyperbolicFunc> funcs = {
  sinh,
  cosh,
  tanh,
  [](double x) {
    return x*x; }
};

// 4개의 함수를 갖도록 벡터를 초기화한다
vector<HyperbolicFunc> inverseFuncs = {
  asinh,
  acosh,
  atanh,
  [](double x) {
```

```
    return exp(log(x) / 2); }
};

// 재사용 가능한 템플릿을 선언한다
template <typename A, typename B, typename C>
function<C(A)> compose(
  function<C(B)> f,
  function<B(A)> g) {
    return [f, g](A x) {
      return f(g(x));
  };
}

auto main() -> int
{
  cout << "[first_class_4.cpp]" << endl;

  // HyperbolicFunc 타입을 가지는 벡터를 선언한다
  vector<HyperbolicFunc> composedFuncs;

  // 여러 개의 double 타입을 가지도록 벡터를 초기화한다
  vector<double> nums;
  for (int i = 1; i <= 5; ++i)
    nums.push_back(i * 0.2);

  // 벡터 내의 요소들을 변환한다
  transform(
    begin(inverseFuncs),
    end(inverseFuncs),
    begin(funcs),
    back_inserter(composedFuncs),
    compose<double, double, double>);

  for (auto num : nums)
  {
    for (auto func : composedFuncs)
      cout << "f(g(" << num << ")) = " << func(num) << endl;
```

```
    cout << "---------------" << endl;
  }

  return 0;
}
```

이 코드에는 두 개의 함수 컬렉션 funcs와 inverseFuncs가 있다. 앞에서 말했듯이 inverseFuncs 함수는 funcs의 반대 함수다. funcs에는 제곱된 수를 계산하기 위한 세 개의 내장 쌍곡선 함수와 하나의 사용자 정의 함수가 들어있으며, inverseFuncs에는 제곱된 수의 반대, 즉 역수(逆數)를 계산하기 위한 3개의 내장 역 쌍곡선 함수와 하나의 사용자 정의 함수가 들어있다.

 이 코드에서는 개별적인 클래스와 함수에 using 키워드를 사용하고 있다. 지금까지는 using namespace std;처럼 클래스와 함수를 포함하는 네임스페이스에 대해 using 키워드를 사용해왔기 때문에 일관성이 없다고 생각할지 모르겠다. 하지만 std 네임스페이스만 using으로 선언하면 함수 이름이 충돌하므로 여기서는 개별적으로 using 키워드를 사용했다.[1]

두 개의 함수를 사용해서 하나의 새로운 함수를 생성하기 위해 transform( )을 사용한다. 해당 코드를 보자.

```
transform(
  begin(inverseFuncs),
  end(inverseFuncs),
  begin(funcs),
  back_inserter(composedFuncs),
  compose<double, double, double>);
```

---

1 sinh, cosh 등의 함수는 <cmath> 헤더 파일과 std 네임스페이스에도 선언돼 있다. 만약 using으로 std 네임스페이스만 선언하면 std 네임스페이스의 sinh 함수를 사용하게 되는데, std::sinh 함수 서명은 HyperbolicFunc 타입과 다르므로 컴파일 에러가 발생한다. – 옮긴이

이제 composedFuncs 벡터에 새로운 함수가 저장됐으며 composedFuncs를 순회하면서 nums 변수의 값을 새로운 함수에 전달할 수 있다. 코드 실행 결과는 다음과 같다.

```
Command Prompt                                          —    □    ×
[first_class_4.cpp]
f(g(0.2)) = 0.2
f(g(0.2)) = 0.2
f(g(0.2)) = 0.2
f(g(0.2)) = 0.2
---------------
f(g(0.4)) = 0.4
f(g(0.4)) = 0.4
f(g(0.4)) = 0.4
f(g(0.4)) = 0.4
---------------
f(g(0.6)) = 0.6
f(g(0.6)) = 0.6
f(g(0.6)) = 0.6
f(g(0.6)) = 0.6
---------------
f(g(0.8)) = 0.8
f(g(0.8)) = 0.8
f(g(0.8)) = 0.8
f(g(0.8)) = 0.8
---------------
f(g(1)) = 1
f(g(1)) = 1
f(g(1)) = 1
f(g(1)) = 1
---------------
```

결과에서 볼 수 있듯이 새로 생성된 함수에 전달한 값과 출력 값은 동일하다. 이와 같이 C++에서 두 개 이상의 함수를 합성해 새로운 함수를 만들 수 있다.

 이 코드에서는 template<>을 사용했다. template<>에 관해 더 자세한 설명을 보고 싶으면 '7장 동시성을 이용한 병렬 실행'을 참고하자.

▌고차 함수의 세 가지 기능

앞에서 일급 함수에 관해 알아봤다. C++ 언어는 함수를 값으로 다룰 수 있는데, 이 말은 함수에 값을 전달하거나 변수에 값을 대입할 수 있는 것처럼 함수 역시 다른 함수에 전달할 수 있고 변수에 대입할 수 있다는 뜻이다. 한편 함수형 프로그래밍의 개념 중에는 고차 함수가 있는데, 이는 하나 이상의 함수를 인수로 사용할 수 있으며 반환 값으로 함수 사용이 가능하다는 말이다.[2]

일급 함수 개념이 함수형 프로그래밍 언어에만 적용 가능한 반면, 고차 함수 개념은 수학 함수와 마찬가지로 일반적인 함수에도 적용할 수 있다. 이제 함수형 프로그래밍에서 가장 유용한 고차 함수 세 가지 map, filter, fold에 관해 알아보자.

고차 함수의 특성, 맵 알아보기

지금 말하는 맵은 C++ 언어의 맵 컨테이너 std::map이 아니라 고차 함수 특징으로의 맵을 말한다. 이 특징은 어떤 컨테이너 내의 각 요소에 함수를 적용해 동일한 순서의 새로운 컨테이너를 만드는 것이다. 앞에서 봤던 transform() 함수를 여기서도 계속 사용한다. 예제 코드를 살펴보자.

```
/* transform_1.cpp */
#include <vector>
#include <algorithm>
#include <iostream>

using namespace std;

auto main() -> int
```

---

2 일급 함수와 고차 함수의 개념은 상당히 유사하지만 적용 범위에 차이가 있다. 일급 함수는 언어적 특성이며, 고차 함수는 개별 함수의 특성이다. 다시 말해 'C++는 일급 함수를 지원한다.'와 같이 일급 함수는 언어를 범위로 하여 해당 언어가 일급 함수를 지원하는지 여부를 말한다. 반면에 'xyz() 함수는 고차 함수다.'처럼 고차 함수는 함수를 범위로 하여 해당 함수가 고차 함수인지 아닌지를 말한다. – 옮긴이

```cpp
{
  cout << "[transform_1.cpp]" << endl;

  // 몇 개의 정수를 벡터에 추가한다
  vector<int> v1;
  for (int i = 0; i < 5; ++i)
    v1.push_back(i);

  // 또 다른 벡터 v2를 생성한다
  vector<int> v2;
  // v2의 크기를 v1과 동일하게 조정한다
  v2.resize(v1.size());

  // 벡터 안의 각 요소를 변경한다
  transform(
    begin(v1),
    end(v1),
    begin(v2),
    [](int i) {
      return i * i; });

  // 벡터 v1을 출력한다
  std::cout << "v1 contains:";
  for (auto v : v1)
    std::cout << " " << v;
  std::cout << endl;

  // 벡터 v2를 출력한다
  std::cout << "v2 contains:";
  for (auto v : v2)
    std::cout << " " << v;
  std::cout << endl;

  return 0;
}
```

여기서는 transform( ) 함수를 사용해서 v1의 각 요소에 람다 표현식을 적용하고 그 결과를 v2에 저장한다.

```
transform(
  begin(v1),
  end(v1),
  begin(v2),
  [](int i) {
    return i * i; });
```

코드 실행 결과는 다음과 같다.

```
Command Prompt                                      —    □    ×
[transform_1.cpp]
v1 contains: 0 1 2 3 4
v2 contains: 0 1 4 9 16
```

고차 함수의 특성, 필터로 데이터 추출하기

고차 함수에서 필터는 기존 데이터 구조에 bool 값을 반환하는 조건을 적용하고 일치하는 요소들만 추려내어 새 데이터 구조를 만드는 것이다. C++11에 추가된 copy_if( ) 함수를 사용하면 필터를 적용할 수 있다. 다음 예제 코드를 보자.

```
/* filter_1.cpp */
#include <vector>
#include <algorithm>
#include <iterator>
#include <iostream>

using namespace std;

auto main( ) -> int
```

```cpp
{
  cout << "[filter_1.cpp]" << endl;

  // 몇 개의 정수를 벡터에 추가한다
  vector<int> numbers;
  for (int i = 0; i < 20; ++i)
    numbers.push_back(i);

    // 벡터 numbers를 출력한다
    cout << "The original numbers: " << endl;
    copy(
      begin(numbers),
      end(numbers),
      ostream_iterator<int>(cout, " "));
    cout << endl;

    // int를 요소로 가지는 벡터 primes를 선언한다
    vector<int> primes;

    // 벡터 numbers에서 소수(prime number)만 필터링해서
    // 벡터 primes에 추가한다
    copy_if(
      begin(numbers),
      end(numbers),
      back_inserter(primes),
      [](int n) {
      if (n < 2) {
        return (n != 0) ? true : false;}
      else {
        for (int j = 2; j < n; ++j) {
          if (n % j == 0) {
            return false;}
      }

      return true;
  }});
```

```
    // 벡터 primes를 출력한다
    cout << "The primes numbers: " << endl;
    copy(
      begin(primes),
      end(primes),
      ostream_iterator<int>(cout, " "));
    cout << endl;

    return 0;
}
```

이 코드에서는 copy_if( ) 함수로 벡터 numbers를 필터링해 벡터 primes에 추가한다. 소수prime number 여부 판별은 람다 표현식을 사용했다. 또 copy( ) 함수로 벡터의 모든 요소를 복사해서 출력한다. 실행 결과는 다음과 같다.

```
Command Prompt                                                      —    □    ×
[filter_1.cpp]
The original numbers:
0 1 2 3 4 5 6 7 8 9 10 11 12 13 14 15 16 17 18 19
The primes numbers:
1 2 3 5 7 11 13 17 19
```

필터 용도로 remove_copy_if( ) 함수를 사용할 수도 있다. copy_if( ) 함수는 데이터 구조에서 조건과 일치하는 요소를 선택하는데 반해, remove_copy_if( )는 조건과 일치하는 요소는 생략omit하고 일치하지 않는 요소를 선택해서 새 데이터 구조에 저장할 수 있다. filter_1.cpp 코드를 수정해서 이번에는 소수가 아닌 수만 필터하고 벡터에 저장해보자.

```
/* filter_2.cpp */
#include <vector>
#include <algorithm>
#include <iterator>
#include <iostream>

using namespace std;
```

```
int main( )
{
  cout << "[filter_2.cpp]" << endl;

  // 몇 개의 정수를 벡터에 추가한다
  vector<int> numbers;
  for (int i = 0; i < 20; ++i)
    numbers.push_back(i);

  // 벡터 numbers를 출력한다
  cout << "The original numbers: " << endl;
  copy(
    begin(numbers),
    end(numbers),
    ostream_iterator<int>(cout, " "));
  cout << endl;

  // int를 요소로 가지는 벡터 nonPrimes를 선언한다
  vector<int> nonPrimes;

  // 벡터 numbers에서
  // 소수(prime number)는 제외하고
  // 소수가 아닌 요소만 가져오도록 필터링하고
  // 벡터 nonPrimes에 추가한다.
  remove_copy_if(
    numbers.begin(),
    numbers.end(),
    back_inserter(nonPrimes),
    [](int n) {
        if(n < 2) {
            return (n != 0) ? true : false;}
        else {
            for (int j = 2; j < n; ++j) {
                if (n % j == 0) {
                    return false;}
            }
```

```
        return true;
    }});

    // 벡터 nonPrimes를 출력한다
    cout << "The non-primes numbers: " << endl;
    copy(
        begin(nonPrimes),
        end(nonPrimes),
        ostream_iterator<int>(cout, " "));
    cout << endl;

    return 0;
}
```

굵게 강조 표시된 부분을 유심히 보면 remove_copy_if() 함수를 써서 소수가 아닌 수만 선택하도록 필터를 적용했음을 알 수 있다. 실행 결과를 확인하자.

마지막 줄을 보면 이제는 소수가 아닌 0과 합성수만 출력하고 있다.

고차 함수의 특성, 폴드 알아보기

함수형 프로그래밍에서 폴드는 데이터 구조를 하나의 값으로 줄이는 기술을 말한다. 폴드는 왼쪽 폴드 foldl과 오른쪽 폴드 foldr 두 가지 타입이 있다. 두 유형은 명확한 차이점이 있는데 foldl은 왼쪽부터 결합한다. 즉 가장 왼쪽 요소를 먼저 합치면서 가장 오른쪽 요소를 향해 이동한다. 어떤 리스트에 0부터 4까지의 정수가 들어있을 때 폴드를 사용해서 리스트의 모든 요소를 결합해 보자. foldl은 괄호를 사용해서 다음처럼 표시한다.

106

```
(((( 0 + 1) + 2) + 3) + 4)
```

foldr은 오른쪽부터 결합한다. 곧 가장 오른쪽 요소를 먼저 합치고 왼쪽으로 이동한다.

```
(0 + (1 + (2 + (3 + 4))))
```

다음 코드를 살펴보자.

```cpp
/* fold_1.cpp */
#include <vector>
#include <numeric>
#include <functional>
#include <iostream>

using namespace std;

auto main() -> int
{
  cout << "[fold_1.cpp]" << endl;

  // 몇 개의 정수를 벡터에 추가한다
  vector<int> numbers = { 0, 1, 2, 3, 4 };

  // 벡터의 각 요소의 합을
  // 왼쪽부터, foldl 타입으로 계산한다
  auto foldl = accumulate(
    begin(numbers),
    end(numbers),
    0,
    std::plus<int>());

  // 벡터의 각 요소의 합을
  // 오른쪽부터, foldr 타입으로 계산한다
  auto foldr = accumulate(
```

```
        rbegin(numbers),
        rend(numbers),
        0,
        std::plus<int>());

    // 계산 결과를 출력한다
    cout << "foldl result = " << foldl << endl;
    cout << "foldr result = " << foldr << endl;

    return 0;
}
```

C++에서는 accumulate( ) 함수로 폴드를 적용할 수 있다. 예제 코드처럼 foldl은 순방향 반복자forward iterator를 사용하며 foldr은 역 임의접근 반복자reverse random access iterator를 사용한다. 실행 결과는 다음과 같다.

결과를 보면 foldl과 foldr 모두 동일 값을 출력한다. 더하기 순서에 따른 합계 결과가 궁금하면 위의 코드를 약간 수정한 다음 예제 코드를 보자.

```
/* fold_2.cpp */
#include <vector>
#include <numeric>
#include <functional>
#include <iostream>

using namespace std;

// 함수 처리 흐름을 로깅하기 위한 함수
int addition(const int& x, const int& y)
{
```

```cpp
    cout << x << " + " << y << endl;
    return x + y;
}

int main()
{
    cout << "[fold_2.cpp]" << endl;

    // 몇 개의 정수를 벡터에 추가한다
    vector<int> numbers = { 0, 1, 2, 3, 4 };

    // 벡터의 각 요소의 합을
    // 왼쪽부터, foldl 타입으로 계산한다
    cout << "foldl" << endl;
    auto foldl = accumulate(
        begin(numbers),
        end(numbers),
        0,
        addition);

    // 벡터의 각 요소의 합을
    // 오른쪽부터, foldr 타입으로 계산한다
    cout << endl << "foldr" << endl;
    auto foldr = accumulate(
        rbegin(numbers),
        rend(numbers),
        0,
        addition);

    cout << endl;

    // 계산 결과를 출력한다
    cout << "foldl result = " << foldl << endl;
    cout << "foldr result = " << foldr << endl;

    return 0;
}
```

이 코드에서는 addition( ) 함수를 새로 만들어 accumulate( ) 함수에 인수로 전달한다. addition( ) 함수는 실행될 때마다 매개변수의 값을 출력한다. 실행 결과를 보자.

```
Command Prompt                                          —    □    ×
[fold_2.cpp]
foldl
0 + 0
0 + 1
1 + 2
3 + 3
6 + 4

foldr
0 + 4
4 + 3
7 + 2
9 + 1
10 + 0

foldl result = 10
foldr result = 10
```

foldl과 foldr의 연산 순서는 다르지만 양쪽 모두 동일한 값을 출력하고 있다. accumulate( ) 함수에서 초기값을 0으로 설정했으므로 foldl에서는 첫 번째 요소에 0을 더하는 것부터 더하기 연산이 시작되며, foldr에서는 마지막 요소에 0을 더하면서 연산이 시작된다.

 TIP 합계를 구할 때는 0이 결과 값에 영향을 미치지 않으므로 0을 초기값으로 한다. 곱셈일 때는 1이 결과 값에 영향을 미치지 않으므로 1을 초기값으로 사용한다.

▎순수 함수로 부작용 피하기

순수 함수란 동일한 입력에 대해서는 항상 같은 결과를 반환하는 함수를 말한다. 즉 함수 내에서 전역 변수 등 함수 바깥의 변수를 참조하지 않으므로 외부 상태를 변경하는 부작

110

용이 발생하지 않는다. 다음 코드를 살펴보자.

```cpp
/* pure_function_1.cpp */
#include <iostream>

using namespace std;

float circleArea(float r)
{
  return 3.14 * r * r;
}

auto main() -> int
{
  cout << "[pure_function_1.cpp]" << endl;

  // float 변수 초기화
  float f = 2.5f;

  // f를 인자로 전달해 circleArea() 함수를
  // 다섯 번 호출한다
  for (int i = 1; i <= 5; ++i)
  {
    cout << "Invocation " << i << " -> ";
    cout << "Result of circleArea(" << f << ") = ";
    cout << circleArea(f) << endl;
  }

  return 0;
}
```

circleArea() 함수는 주어진 반지름으로 원의 면적을 계산한다. 동일한 반지름 값을 인수로 circleArea()를 다섯 번 호출한다. 실행 결과는 다음과 같다.

```
[pure_function_1.cpp]
Invocation 1 -> Result of circleArea(2.5) = 19.625
Invocation 2 -> Result of circleArea(2.5) = 19.625
Invocation 3 -> Result of circleArea(2.5) = 19.625
Invocation 4 -> Result of circleArea(2.5) = 19.625
Invocation 5 -> Result of circleArea(2.5) = 19.625
```

동일한 입력에 대해 항상 같은 값을 출력하므로 circleArea( )는 순수 함수라고 할 수 있다. 이번에는 다른 코드로 비순수 함수는 어떻게 동작하는지 알아보자.

```cpp
/* impure_function_1.cpp */
#include <iostream>

using namespace std;

// 전역 변수를 초기화한다
int currentState = 0;

//전달된 인자 값을 currentState에 더한다
//(계산 결과에 전역 변수 currentState가 관여한다)
int increment(int i)
{
  currentState += i;
  return currentState;
}

auto main( ) -> int
{
  cout << "[impure_function_1.cpp]" << endl;

  // 지역 변수를 초기화한다
  int fix = 5;

  // fix를 인자로 전달해 increment( ) 함수를
  // 다섯 번 호출한다
```

```
for (int i = 1; i <= 5; ++i)
{
    cout << "Invocation " << i << " -> ";
    cout << "Result of increment(" << fix << ") = ";
    cout << increment(fix) << endl;
}

return 0;
}
```

코드에서 increment( ) 함수는 currentState 변수 값을 증가시킨다. 그런데 currentState
는 함수 바깥에 선언된 전역 변수다. 따라서 increment( ) 함수는 전역 변수에 의존하므로
순수 함수가 아니다. 실행 결과는 다음과 같다.

```
[impure_function_1.cpp]
Invocation 1 -> Result of increment(5) = 5
Invocation 2 -> Result of increment(5) = 10
Invocation 3 -> Result of increment(5) = 15
Invocation 4 -> Result of increment(5) = 20
Invocation 5 -> Result of increment(5) = 25
```

결과를 보면 increment( )는 동일한 입력 값에 대해 매번 다른 결과를 반환한다. 이러한 현
상은 함수 밖의 변수를 의존하거나 변수 값을 변경하는 비순수 함수의 부작용이다.

이제 순수 함수와 비순수 함수를 구분할 수 있을 것이다. 계속해서 다음 예제 코드를 보자.

```
/* im_pure_function_1.cpp */
#include <iostream>

using namespace std;

// 전역 변수를 초기화한다
float phi = 3.14f;
```

```
// 원의 면적을 계산한다
// 전역 변수 phi를 참조한다
float circleArea(float r)
{
  return phi * r * r;
}

auto main( ) -> int
{
  cout << "[im_pure_function_1.cpp]" << endl;

  // 지역 변수 f를 초기화한다
  float f = 2.5f;

  // f를 인자로 전달해 circleArea( ) 함수를
  // 다섯 번 호출한다
  for (int i = 1; i <= 5; ++i)
  {
    cout << "Invocation " << i << " -> ";
    cout << "Result of circleArea(" << f << ") = ";
    cout << circleArea(f) << endl;
  }

  return 0;
}
```

이 코드는 pure_function_1.cpp를 약간 수정해서 전역 변수 phi를 사용하도록 했다. 코드 실행 결과는 pure_function_1.cpp와 동일하다. 즉 동일한 입력에 대해 매번 같은 결과를 반환한다. 그렇다면 circleArea( )는 순수 함수일까? circleArea( )를 자세히 보면 내부에서 함수 바깥의 phi 변수를 참조하고 있다. 그러므로 비록 circleArea( )가 동일한 입력에 대해 같은 결과를 반환하고 있지만 순수 함수는 아니다.

함수에 의해 변경되는 전역 변수의 상태뿐만 아니라 화면에 출력하는 것 역시 부작용에 포함된다.[3] 하지만 책에서는 작성한 코드의 실행 결과를 보여줘야 하므로 콘솔 출력 코드까지 제거하지는 않았다.

▌커링으로 함수 분리하기

커링은 여러 개의 인수를 갖는 하나의 함수를, 단일 인수를 갖는 여러 개의 연속된 함수로 나누는 것이다. 바꿔 말하면 현재 함수를 줄여서 다른 함수를 만드는 것이라 볼 수 있다. 두 개의 인수 length와 width를 받는 areaOfRectangle() 함수가 있다고 하자. 코드는 다음과 같다.

```cpp
/* curry_1.cpp */
#include <functional>
#include <iostream>

using namespace std;

// 커링에 필요한 가변 템플릿
template<typename Func, typename... Args>
auto curry(Func func, Args... args)
{
  return [=](auto... lastParam)
  {
    return func(args..., lastParam...);
  };
}

int areaOfRectangle(int length, int width)
```

---

3 부작용에는 I/O 연산도 포함된다. 이를테면 콘솔, 파일, 데이터베이스에 대한 읽기와 쓰기 연산 등 프로그램 영역 밖의 프로세스와 상호 작용도 해당된다. – 옮긴이

```
{
  return length * width;
}

auto main() -> int
{
  cout << "[curry_1.cpp]" << endl;

  // areaOfRectangle() 함수를 커링해 length5 생성
  auto length5 = curry(areaOfRectangle, 5);

  // length5 호출
  cout << "Curried with spesific length = 5" << endl;
  for (int i = 0; i <= 5; ++i)
  {
    cout << "length5(" << i << ") = ";
    cout << length5(i) << endl;
  }

  return 0;
}
```

여기서는 가변 템플릿 함수 curry를 정의했다. 이 템플릿 코드는 함수를 커링하기 위한 용도로 사용한다. areaOfRectangle() 같은 함수 호출은 다음 코드처럼 한다.

```
int i = areaOfRectangle(5, 2);
```

하지만 커링을 사용하면 areaOfRectangle()이 단일 매개변수를 갖도록 줄일 수 있다. 이렇게 하기 위해 필요한 건 템플릿 함수 curry를 호출하는 작업이다.

```
auto length5 = curry(areaOfRectangle, 5);
```

이제 length5는 areaOfRectangle( )의 length 인수로 이미 5를 갖고 있기 때문에, width 인수만 사용해서 호출할 수 있다.

```
length5(i); // i는 areaOfRectangle( ) 함수에 전달할 width 인수
```

코드 실행 결과를 보자.

```
C:\Repos\learning_cpp_functional_programming_kor\CodeBloc...          —     □     ×
[curry_1.cpp]
Curried with spesific length = 5
length5(0) = 0
length5(1) = 5
length5(2) = 10
length5(3) = 15
length5(4) = 20
length5(5) = 25
```

가변 템플릿 함수 curry는 areaOfRectangle( ) 함수를 줄여서 length5( ) 함수를 만든다. 앞에서는 인수가 2개였지만, 더 많은 인수를 갖는 함수 역시 줄일 수 있다. 이번에는 3개의 인수가 필요한 함수 volumeOfRectanglular( )를 커링해보자.

```
/* curry_2.cpp */
#include <functional>
#include <iostream>

using namespace std;

// 커링에 필요한 가변 템플릿
template<typename Func, typename... Args>
auto curry(Func func, Args... args)
{
  return [=](auto... lastParam)
  {
    return func(args..., lastParam...);
```

```
    };
  }

  int volumeOfRectanglular(
    int length,
    int width,
    int height)
  {
    return length * width * height;
  }

  auto main( ) -> int
  {
    cout << "[curry_2.cpp]" << endl;

    // volumeOfRectanglular( ) 함수를 커링하여 length5width4 생성
    auto length5width4 = curry(volumeOfRectanglular, 5, 4);

    // length5width4 호출
    cout << "Curried with spesific data:" << endl;
    cout << "length = 5, width 4" << endl;
    for (int i = 0; i <= 5; ++i)
    {
      cout << "length5width4(" << i << ") = ";
      cout << length5width4(i) << endl;
    }

    return 0;
  }
```

volumeOfRectanglular( ) 함수에 length와 width 인수만 우선 전달해 length5width4( ) 를 만들었다. 이제 length5width4( ) 함수는 나머지 인수 height만으로 호출할 수 있다. 코드 실행 결과는 다음과 같다.

```
■ Command Prompt                                    —    □    ×
[curry_2.cpp]
Curried with spesific data:
length = 5, width 4
length5width4(0) = 0
length5width4(1) = 20
length5width4(2) = 40
length5width4(3) = 60
length5width4(4) = 80
length5width4(5) = 100
```

커링을 이용하면 여러 개의 인수가 필요한 함수를 단일 인수를 받는 함수로 줄여 부분별로 실행할 수 있다.

▌ 요약

2장에서는 함수를 다루는 몇 가지 기술을 알아봤는데, 이런 기술을 활용하면 많은 이익을 얻을 수 있다. C++ 언어는 일급 함수를 지원하므로 함수를 다른 함수의 인수로 전달할 수 있다. 또한 함수는 데이터 객체로 취급되므로 변수에 대입할 수 있고 컨테이너에 저장할 수 있다. 한편 이미 만들어진 함수로 새로운 함수를 합성할 수 있으며, 맵, 필터, 폴드를 활용해 고차 함수를 구현할 수 있다.

더 좋은 함수형 코드를 만들려면 부작용을 피할 수 있는 순수 함수를 구현해야 한다. 모든 함수는 외부 변수의 값을 읽거나 변경하지 않도록 만들 수 있다. 또 함수에 커링을 적용하면 여러 개의 인수를 갖는 함수를 연속된 단일 인수의 함수로 줄여서 실행할 수 있다.

3장에서는 부작용을 피할 수 있는 또 다른 기술을 배운다. 그래서 코드 내의 모든 상태를 불변immutable으로 만들어 함수가 호출됐을 때 상태가 변하지 않도록 한다.

03

함수에 불변 객체 사용하기

2장에서는 일급 함수와 순수 함수를 공부했다. 이제 가변^{mutable} 객체와 불변^{immutable} 객체에 대해 알아보자.[1] 앞에서 살펴봤듯이 일급 함수에서는 함수를 다른 함수의 인수로 전달할 수 있고 순수 함수는 동일한 입력 값에 대해서 항상 같은 결과를 돌려준다. 불변 객체는 이러한 두 가지 함수형 프로그래밍 개념을 코드에 적용할 수 있게 한다. 3장에서는 다음 주제를 다룬다.

- 함수형 프로그래밍에서 변수 수정
- 값이 수정되는 것을 방지하기 위한 const 사용법
- 불변 객체에 일급 함수와 순수 함수 적용

---

1 개발자에 따라 '객체'라는 용어의 적용 범위를 사용자 정의 타입, 그러니까 클래스나 구조체 타입의 변수로만 한정하기도 하는데, 이 책에서는 int 같은 기본 제공 타입도 모두 포함해 '객체'라고 부른다. – 옮긴이

- 가변 객체를 불변 객체로 변환
- 불변 객체의 장점

▌ 불변 객체의 주요 특징

객체 지향 프로그래밍에서는 보통 여러 번에 걸쳐 변수 값을 수정한다. 흔히 속성attribute이나 필드라고 부르는 클래스 내의 멤버 변수도 마찬가지다. 또 어떤 함수에서는 전역 변수 값을 수정하기도 한다. 하지만 함수형 프로그래밍의 특징인 불변성immutability을 따르려면 두 가지 규칙을 지켜야 한다. 첫 번째로 지역 변수를 변경하면 안 된다. 두 번째로 함수 결과에 미치는 영향을 없애기 위해 함수 내에서 전역 변수에 접근하면 안 된다.

지역 변수 수정

우리는 코드를 작성하면서 한번 만든 변수를 자주 재사용한다. 다음 mutable_1.cpp 코드를 살펴보자. mutableVar 변수에 100을 저장하고, 1부터 10까지 i 값을 증가시키면서 mutableVar를 수정한다.

```cpp
/* mutable_1.cpp */
#include <iostream>

using namespace std;

auto main() -> int
{
  cout << "[mutable_1.cpp]" << endl;

  // int 변수 초기화
  int mutableVar = 100;
  cout << "Initial mutableVar = " << mutableVar;
```

```cpp
    cout << endl;

    // mutableVar 변경
    for (int i = 0; i <= 10; ++i)
      mutableVar = mutableVar + i;

    // mutableVar 출력
    cout << "After manipulating mutableVar = " << mutableVar;
    cout << endl;

    return 0;
}
```

다음 그림은 코드 실행 결과를 보여준다.

이 코드에서 mutableVar 변수 값은 여러 번 수정되는 가변 객체로 다뤄진다. 따라서 지역 변수를 변경할 수 없다는 규칙을 따르지 않고 있다. mutable_1.cpp를 수정해서 불변 객체를 사용하도록 해보자. 변수를 수정할 때마다 새로운 지역 변수를 생성하도록 코드를 변경했다. 수정한 immutable_1.cpp 코드를 보자.

```cpp
/* immutable_1.cpp */
#include <iostream>

using namespace std;

auto main( ) -> int
{
  cout << "[immutable_1.cpp]" << endl;
```

```cpp
    // int 변수 초기화
    int mutableVar = 100;
    cout << "Initial mutableVar = " << mutableVar;
    cout << endl;

    // mutableVar0 - 9 변수들을 불변 객체로 다룬다
    int mutableVar0 = mutableVar + 0;
    int mutableVar1 = mutableVar0 + 1;
    int mutableVar2 = mutableVar1 + 2;
    int mutableVar3 = mutableVar2 + 3;
    int mutableVar4 = mutableVar3 + 4;
    int mutableVar5 = mutableVar4 + 5;
    int mutableVar6 = mutableVar5 + 6;
    int mutableVar7 = mutableVar6 + 7;
    int mutableVar8 = mutableVar7 + 8;
    int mutableVar9 = mutableVar8 + 9;
    int mutableVar10 = mutableVar9 + 10;

    // mutableVar10 출력
    // mutalbeVar10은 초기화 이후 수정되지 않았으므로 불변 객체다
    cout << "After manipulating mutableVar = " << mutableVar10;
    cout << endl;

    return 0;
}
```

이 코드에서는 지역 변수 mutableVar의 변경을 방지하기 위해 다른 지역 변수 10개를 더 만들었다. 최종 결과 값은 mutableVar10에 저장되고 이 값을 출력한다. 비록 흔히 볼 수 있는 코드는 아닐 것이다. 하지만 이런 방법으로 불변 객체를 만들 수 있으며 모든 중간 과정의 값을 가질 수도 있다. 코드 실행 결과는 mutable_1.cpp와 동일하다.

```
C:\WINDOWS\system32\cmd.exe                                    —    □    ×
[immutable_1.cpp]
Initial mutableVar = 100
After manipulating mutableVar = 155
```

mutable_1.cpp와 비교하면, 이번에 작성한 immutable_1.cpp는 사용하는 변수나 코드
양이 많기 때문에 성능면에서는 좋지 않다.

함수에 전달된 인수 수정하기

함수에 전달된 인수 수정에 관해 알아보자. string 타입을 저장하는 n이라는 변수가 있다
고 하자. 이 변수를 Modify( ) 함수에 인수로 전달하면 함수는 이 값을 수정한다. 다음의
immutable_2.cpp 코드를 보자.

```cpp
/* immutable_2.cpp */
#include <iostream>

using namespace std;

void Modify(string name)
{
  name = "Alexis Andrews";
}

auto main( ) -> int
{
  cout << "[immutable_2.cpp]" << endl;

  // string 변수를 초기화한다
  string n = "Frankie Kaur";
  cout << "Initial name = " << n;
  cout << endl;

  // n을 수정하기 위해서 Modify( ) 함수를 호출한다
  // 하지만 Modify( ) 함수는 string 값(value)을 인수로 받으므로
  // 함수 호출 후에도 n 값은 변하지 않는다
  Modify(n);

  // n을 출력한다
```

```
    cout << "After manipulating = " << n;
    cout << endl;

    return 0;
}
```

이 코드에서 n의 초기값은 Frankie Kaur이고, Modify( ) 함수에서는 이 값을 Alexis Andrews로 수정한다. 출력 결과는 어떤지 확인하자.

```
[immutable_2.cpp]
Initial name = Frankie Kaur
After manipulating = Frankie Kaur
```

결과를 보면 변수 n의 값은 여전히 Frankie Kaur 그대로다. 사실 Modify( ) 함수에 전달된 값은 변수 n에 저장된 string 값의 복사본이다. 즉 name에는 n의 복사본이 들어있기 때문에 name을 수정하더라도 n 값은 변하지 않고 그대로 남아있다. 만약 복사본 대신 참조를 전달하면 n을 수정할 수 있다. 다음 코드를 보자.

```
/* mutable_2.cpp */
#include <iostream>

using namespace std;

void Modify(string &name)
{
    name = "Alexis Andrews";
}

auto main( ) -> int
{
    cout << "[mutable_2.cpp]" << endl;

    // string 변수를 초기화한다
```

```
    string n = "Frankie Kaur";
    cout << "Initial name = " << n;
    cout << endl;

    // n을 수정하기 위해서 Modify( ) 함수를 호출한다
    // Modify( ) 함수는 string의 참조(reference)를 인수로 받으므로
    // 함수 호출 후에 n 값이 변한다
    Modify(n);

    // n을 출력한다
    cout << "After manipulating = " << n;
    cout << endl;

    return 0;
}
```

이 코드는 Modify( ) 함수의 매개변수 name 앞에 &를 붙였기 때문에 이제 string의 참조를 받는다. 실행 결과는 다음과 같다.

Modify( ) 함수에 변수의 값 자체가 아니라 참조를 넘겼기 때문에 n 값이 Modify( ) 함수를 거치면서 변경됐다. 다른 더 좋은 방법은 struct나 class를 사용해 변수를 수정하는 것이다. 다음 코드를 보자.

```
/* mutable_2a.cpp */
#include <iostream>

using namespace std;

class Name
```

```cpp
{
  public:
    string str;
};

void Modify(Name &name)
{
  name.str = "Alexis Andrews";
}

auto main() -> int
{
  cout << "[mutable_2a.cpp]" << endl;

  // string 변수를 초기화한다
  Name n = { "Frankie Kaur" };
  cout << "Initial name = " << n.str;
  cout << endl;

  // n을 수정하기 위해서 Modify() 함수를 호출한다
  // Modify() 함수는 string의 참조(reference)를 인수로 받으므로
  // 함수 호출 후에 n 값이 변한다
  Modify(n);

  // n을 출력한다
  cout << "After manipulating = " << n.str;
  cout << endl;

  return 0;
}
```

코드에는 string 변수 str를 멤버로 갖는 Name 클래스가 있다. main 함수 시작 부분에서 Name 클래스의 인스턴스를 생성하고 초기화한다. 그런 다음 클래스 내의 str 멤버를 수정한다. 코드를 실행하면 mutable_2.cpp와 동일한 결과를 얻는다.

▌ 값 수정 금지하기

불변성의 핵심 요소는 값 수정을 막는 것이다. C++에서는 const 키워드가 이 역할을 한다. 이제 살펴볼 const.cpp 코드에는 MyAge라는 클래스가 있다. MyAge 클래스는 public 멤버 age를 갖는데 이 멤버는 const로 선언됐다.

```cpp
/* const.cpp */
#include <iostream>

using namespace std;

// const 멤버 age를 가지는 MyAge 클래스 구현
class MyAge
{
  public:
    const int age;
      MyAge(const int initAge = 20) :
        age(initAge)
      {
      }
};

auto main() -> int
{
  cout << "[const.cpp]" << endl;

  // 두 개의 MyAge 클래스 인스턴스 선언
  MyAge AgeNow, AgeLater(8);

  // AgeNow의 age 값 출력
  cout << "My current age is ";
  cout << AgeNow.age << endl;

  // AgeLater의 age 값 출력
  cout << "My age in eight years later is ";
```

```
    cout << AgeLater.age << endl;

    return 0;
}
```

코드에서 AgeNow와 AgeLater, 두 개의 MyAge 인스턴스를 만들었다. AgeNow는 멤버 age
를 기본값 20으로 설정하고 AgeLater는 멤버 age의 값을 8로 설정한다. 코드 실행 결과
를 보자.

MyAge의 멤버 변수 age는 const로 선언됐기 때문에 초기화 이후에는 값을 변경할 수 없다.
그래서 다음 const_error.cpp 예제 코드는 컴파일 에러가 발생한다.

```
/* const_error.cpp */
#include <iostream>

using namespace std;

// const 멤버 age를 가지는 MyAge 클래스 구현
class MyAge
{
  public:
    const int age;
    MyAge(const int initAge = 20) :
      age(initAge)
    {
    }
};

auto main() -> int
```

130

```
{
    cout << "[const_error.cpp]" << endl;

    // 두 개의 MyAge 클래스 인스턴스 선언
    MyAge AgeNow, AgeLater(8);

    // AgeNow의 age 값 출력
    cout << "My current age is ";
    cout << AgeNow.age << endl;

    // AgeLater의 age 값 출력
    cout << "My age in eight years later is ";
    cout << AgeLater.age << endl;

    // AgeLater의 age 값을 수정하려고 하지만,
    // 컴파일 에러가 발생함
    AgeLater.age = 10;

    return 0;
}
```

main 함수의 마지막 부분에서 멤버 age의 값을 10으로 바꾸려고 하지만, 컴파일러는 멤버 age가 값을 수정할 수 없는 const 멤버이므로 다음과 같은 에러를 출력한다.

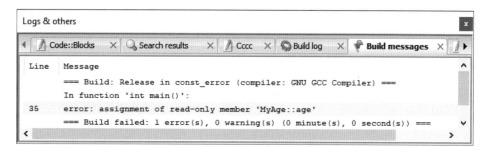

이처럼 불변 객체를 만드는 데 const 키워드를 활용할 수 있다.

▌불변 객체에 일급 함수와 순수 함수 적용하기

앞에서 불변 객체가 어떤 것인지 알아봤다. 이번에는 '2장. 함수형 프로그래밍에서 함수 다루기'에서 배웠던 일급 함수와 순수 함수를 이용해 불변 객체를 만드는 방법을 배운다. 예제 코드는 2장에서 다룬 first_class_1.cpp를 활용하는데, addition( ), subtraction( ), multiplication( ), division( ) 함수를 가져와서 first_class_pure_immutable.cpp 코드에 추가했다. 그런 다음 이 함수를 일급 함수로 만들어 호출하고 결과를 변수에 대입한다. 코드를 살펴보자.

```cpp
/* first_class_pure_immutable.cpp */
#include <iostream>
#include <functional>

using namespace std;

// MyValue 클래스 구현
class MyValue
{
  public:
    const int value;
    MyValue(int v) : value(v)
    {
    }
};

// 네 개의 함수를 가지는 MyFunction 클래스 구현
class MyFunction
{
  public:
    const int x, y;

    MyFunction(int _x, int _y) :
    x(_x), y(_y)
    {
```

```cpp
  }

  MyValue addition() const
  {
    return MyValue(x + y);
  }

  MyValue subtraction() const
  {
    return MyValue(x - y);
  }

  MyValue multiplication() const
  {
    return MyValue(x * y);
  }

  MyValue division() const
  {
    return MyValue(x / y);
  }
};

auto main() -> int
{
  cout << "[first_class_pure_immutable.cpp]" << endl;

  // 두 개의 변수 초기화
  // 이 변수들은 MyFunction 클래스의 생성자에 사용된다
  int a = 100;
  int b = 10;

  // 두 변수의 값을 출력
  cout << "Initial value" << endl;
  cout << "a = " << a << endl;
  cout << "b = " << b << endl;
  cout << endl;
```

```
    // MyFunction 클래스 인스턴스를 생성한다
    MyFunction func(a, b);

    // MyFunction 클래스의 각 멤버 함수에 대한 래퍼를 만든다
    // 이 래퍼 함수는 이제 일급 함수다
    auto callableAdd = mem_fn(&MyFunction::addition);
    auto callableSub = mem_fn(&MyFunction::subtraction);
    auto callableMul = mem_fn(&MyFunction::multiplication);
    auto callableDiv = mem_fn(&MyFunction::division);

    // 함수 호출
    auto value1 = callableAdd(func);
    auto value2 = callableSub(func);
    auto value3 = callableMul(func);
    auto value4 = callableDiv(func);

    // 결과 출력
    cout << "The result" << endl;
    cout << "addition = " << value1.value << endl;
    cout << "subtraction = " << value2.value << endl;
    cout << "multiplication = " << value3.value << endl;
    cout << "division = " << value4.value << endl;

    return 0;
}
```

MyFunction 클래스의 멤버 함수를 일급 함수로 만들기 위해 mem_fn( ) 함수로 각 멤버 함수에 대한 래퍼wrapper를 만들었다. 그런 다음 각 래퍼 호출 결과를 네 개의 변수에 대입한다. addition( ), subtraction( ), multiplication( ), division( ) 함수는 동일한 입력에 대해 항상 같은 결과를 반환하는 순수 함수다. 그리고 MyValue 클래스의 멤버 변수 value를 const로 선언해서 값을 변경할 수 없도록 했다. 실행 결과를 확인하자.

```
C:\WINDOWS\system32\cmd.exe                                     —    □    ×

[first_class_pure_immutable.cpp]
Initial value
a = 100
b = 10

The result
addition = 110
subtraction = 90
multiplication = 1000
division = 10
```

▌ 불변 객체 구현하기

불변성에 대한 개념을 이해했으니 본격적으로 불변 객체를 만들어보자. 우선 가변 객체를
먼저 만든 다음, 코드를 변경해서 불변 객체로 만들 것이다.

가변 객체 만들기

먼저 MutableEmployee라는 가변 객체를 만든다. 이 클래스는 몇 개의 멤버 변수와 함수를
갖고 있다. 클래스 헤더 파일을 보자.

```cpp
/* mutableemployee.h */
#ifndef __MUTABLEEMPLOYEE_H__
#define __MUTABLEEMPLOYEE_H__

#include <string>

class MutableEmployee
{
  private:
    int m_id;
    std::string m_firstName;
    std::string m_lastName;
```

```
    double m_salary;

public:
  MutableEmployee(
    int id,
    const std::string& firstName,
    const std::string& lastName,
    const double& salary);
  MutableEmployee();

  void SetId(const int id);
  void SetFirstName(
    const std::string& FirstName);
  void SetLastName(
    const std::string& LastName);
  void SetSalary(
    const double& Salary);

  int Id() const { return m_id; }
  std::string FirstName() const { return m_firstName; }
  std::string LastName() const { return m_lastName; }
  double Salary() const { return m_salary; }
};

#endif // End of __MUTABLEEMPLOYEE_H__
```

클래스에는 모두 네 개의 멤버 변수인 m_id, m_firstName, m_lastName, m_salary가 있다. 그리고 이 멤버 변수의 값 설정을 위한 함수가 있다. 클래스 구현 코드도 살펴보자.

```
/* mutableemployee.cpp */
#include "mutableemployee.h"

using namespace std;

MutableEmployee::MutableEmployee() :
```

```cpp
  m_id(0),
  m_salary(0.0)
{
}

MutableEmployee::MutableEmployee(
  int id,
  const string& firstName,
  const string& lastName,
  const double& salary) :
    m_id(id),
    m_firstName(firstName),
    m_lastName(lastName),
    m_salary(salary)
{
}

void MutableEmployee::SetId(const int id)
{
  m_id = id;
}

void MutableEmployee::SetFirstName(
  const std::string& FirstName) {
    m_firstName = FirstName;
  }

void MutableEmployee::SetLastName(
  const std::string& LastName) {
    m_lastName = LastName;
  }

void MutableEmployee::SetSalary(
  const double& Salary) {
    m_salary = Salary;
  }
```

멤버 변수는 private로 선언했고 이 변수에 접근하기 위한 함수는 public으로 선언했기 때문에 OOP 규칙을 준수하는 코드다. 하지만 이 멤버 변수의 값은 언제든 수정할 수 있으므로 가변적이다. 이제 MutableEmployee 클래스를 사용하는 mutable_3.cpp 코드를 만들자. 초기값과 함께 클래스 인스턴스를 생성하고 각 멤버 변수의 값을 수정한다. 코드는 다음과 같다.

```cpp
/* mutable_3.cpp */
#include <iostream>
#include "../mutableemployee/mutableemployee.h"

using namespace std;

auto main( ) -> int
{
    cout << "[mutable_3.cpp]" << endl;

    // 필요한 변수를 초기화한다
    string first = "Frankie";
    string last = "Kaur";
    double d = 1500.0;

    // MutableEmployee 인스턴스를 생성한다
    MutableEmployee me(0, first, last, d);

    // 초기값을 출력한다
    cout << "Content of MutableEmployee instance" << endl;
    cout << "ID : " << me.Id( ) << endl;
    cout << "Name : " << me.FirstName( );
    cout << " " << me.LastName( ) << endl;
    cout << "Salary : " << me.Salary( ) << endl << endl;

    // MutableEmployee의 각 멤버 변수를 수정한다
    me.SetId(1);
    me.SetFirstName("Alexis");
```

```
    me.SetLastName("Andrews");
    me.SetSalary(2100.0);

    // 수정된 값을 출력한다
    cout << "Content of MutableEmployee after mutating" << endl;
    cout << "ID : " << me.Id() << endl;
    cout << "Name : " << me.FirstName();
    cout << " " << me.LastName() << endl;
    cout << "Salary : " << me.Salary() << endl;

    return 0;
}
```

이 코드에서는 세 개의 변수 first, last, d에 초기값을 설정하고 이 값으로 MutableEmp
loyee 인스턴스를 생성한 뒤, 멤버 함수를 이용해 다시 값을 수정한다. 코드 실행 결과는
다음과 같다.

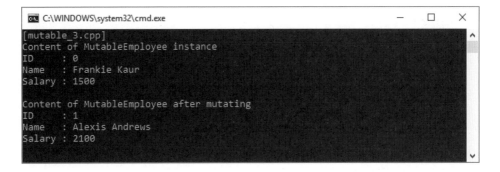

이처럼 MutableEmployee 클래스는 인스턴스가 만들어진 후에도 아무런 제약 없이 수정
할 수 있다. 이러한 가변성을 없애서 부작용을 회피하려면 이 클래스에 불변성을 부여해
야 한다.

가변 객체를 불변 객체로 변환하기

MutableEmployee 클래스를 수정해서 불변 객체로 만들어 보자. 다음은 수정된 클래스 헤더다.

```cpp
/* immutableemployee.h */
#ifndef __IMMUTABLEEMPLOYEE_H__
#define __IMMUTABLEEMPLOYEE_H__

#include <string>

class ImmutableEmployee
{
  private:
    const int m_id;
    const std::string m_firstName;
    const std::string m_lastName;
    const double m_salary;

public:
  ImmutableEmployee(
    const int& id,
    const std::string& firstName,
    const std::string& lastName,
    const double& _salary);
  ImmutableEmployee();

  const int& Id() const {
    return m_id;
  }

  const std::string& FirstName() const {
    return m_firstName;
  }

  const std::string& LastName() const {
    return m_lastName;
```

```
  }

  const double& Salary() const {
    return m_salary;
  }
};

#endif // End of __IMMUTABLEEMPLOYEE_H__
```

헤더 파일에서는 MutableEmployee 클래스에 존재했던 네 개의 쓰기 함수를 제거해서 ImmutableEmployee 클래스에 불변성을 부여했다. 이제 클래스 구현 파일을 보자.

```
/* immutableemployee.cpp */
#include "immutableemployee.h"

using namespace std;

ImmutableEmployee::ImmutableEmployee() :
  m_id(0),
  m_salary(0.0)
  {
  }

ImmutableEmployee::ImmutableEmployee(
  const int& id,
  const string& firstName,
  const string& lastName,
  const double& salary) :
    m_id(id),
    m_firstName(firstName),
    m_lastName(lastName),
    m_salary(salary)
{
}
```

ImmutableEmployee 클래스를 MutableEmployee 클래스와 비교해보면서, 다음 내용을 알아두자.

- 모든 멤버 변수는 const로 선언했다. 따라서 생성자를 통해서만 변수 값을 설정할 수 있다. 이 방식은 불변 객체를 생성하는 가장 좋은 방법이다. 참고로 const로 설정된 객체는 C++11의 최적화 방법인 이동 연산move operation을 막는다는 점을 알아두자.[2]
- 읽기용 함수는 값 대신에 const 참조를 반환한다. 불변 객체의 값을 수정할 수 없기 때문에 참조를 반환하는 것이 더 좋다.
- 읽기용 함수는 다른 구문에 의해 결과가 수정되는 것을 막기 위해 const를 반환한다. 이렇게 하면 비교 시에 == 대신 =을 쓰는 것처럼 자주 발생하는 에러도 방지할 수 있다. 이 점은 우리가 불변 객체를 사용하고 있다는 걸 말해준다.

이 클래스의 문제는 m_firstName이나 m_salary 같은 멤버 변수를 수정하고 싶어도 방법이 없다는 점인데, 이를 해결하기 위해 ImmutableEmployee 클래스에 쓰기용 함수를 추가한다. 하지만 이번에는 쓰기용 함수가 멤버 변수를 수정하는 대신, 새로운 ImmutableEmployee 인스턴스를 생성해서 반환하도록 한다. 다음 코드를 보자.

```
/* immutableemployee.h */
#ifndef __IMMUTABLEEMPLOYEE_H__
#define __IMMUTABLEEMPLOYEE_H__

#include <string>

class ImmutableEmployee
{
  private:
```

---

2 일반적으로 어떤 객체를 이동하면 해당 객체는 수정될 것이므로, 이렇게 수정이 발생할 수 있는 함수로 const 객체를 전달하지 못하도록 C++ 언어 차원에서 막는다. 그래서 const 객체에 대해 이동 연산을 시도하면 실제로는 복사 연산이 일어난다. – 옮긴이

```cpp
    const int m_id;
    const std::string m_firstName;
    const std::string m_lastName;
    const double m_salary;

public:
    ImmutableEmployee(
        const int& id,
        const std::string& firstName,
        const std::string& lastName,
        const double& _salary);
    ImmutableEmployee();
    ~ImmutableEmployee() {};

    const int& Id() const {
        return m_id;
    }

    const std::string& FirstName() const {
        return m_firstName;
    }

    const std::string& LastName() const {
        return m_lastName;
    }

    const double& Salary() const {
        return m_salary;
    }

    const ImmutableEmployee SetId(
        const int& id) const {
            return ImmutableEmployee(
                id, m_firstName, m_lastName, m_salary);
    }

    const ImmutableEmployee SetFirstName(
        const std::string& firstName) const {
```

```
        return ImmutableEmployee(
            m_id, firstName, m_lastName, m_salary);
    }

    const ImmutableEmployee SetLastName(
        const std::string& lastName) const {
        return ImmutableEmployee(
            m_id, m_firstName, lastName, m_salary);
    }

    const ImmutableEmployee SetSalary(
        const double& salary) const {
        return ImmutableEmployee(
            m_id, m_firstName, m_lastName, salary);
    }
};

#endif // End of __IMMUTABLEEMPLOYEE_H__
```

immutableemployee.h 파일에는 이제 네 개의 쓰기 함수 SetId( ), SetFirstName( ), SetLastName( ), SetSalary( )가 추가됐다. 쓰기용 함수 이름이 MutableEmployee 클래스의 함수와 같지만, 동작은 다르다. 앞서 얘기한 것처럼 이 함수는 주어진 인수로 새로운 클래스 인스턴스를 만들어 반환한다. 이제 클래스가 불변 객체가 됐으므로 ImmutableEmployee 클래스를 사용해 함수형 코드를 만들 수 있다. ImmutableEmployee 클래스를 사용하는 코드는 다음과 같다.

```
/* immutable_3.cpp */
#include <iostream>
#include "../immutableemployee/immutableemployee.h"

using namespace std;

auto main() -> int
```

```cpp
{
    cout << "[immutable_3.cpp]" << endl;

    // 필요한 변수를 초기화한다
    string first = "Frankie";
    string last = "Kaur";
    double d = 1500.0;

    // ImmutableEmployee 인스턴스를 생성한다
    ImmutableEmployee me(0, first, last, d);

    // 초기값을 출력한다
    cout << "Content of ImmutableEmployee instance" << endl;
    cout << "ID : " << me.Id() << endl;
    cout << "Name : " << me.FirstName()
    << " " << me.LastName() << endl;
    cout << "Salary : " << me.Salary() << endl << endl;

    // 초기값을 수정한다
    ImmutableEmployee me2 = me.SetId(1);
    ImmutableEmployee me3 = me2.SetFirstName("Alexis");
    ImmutableEmployee me4 = me3.SetLastName("Andrews");
    ImmutableEmployee me5 = me4.SetSalary(2100.0);

    // 새로운 값을 출력한다
    cout << "Content of ImmutableEmployee after modifying" << endl;
    cout << "ID : " << me5.Id() << endl;
    cout << "Name : " << me5.FirstName()
    << " " << me5.LastName() << endl;
    cout << "Salary : " << me5.Salary() << endl;

    return 0;
}
```

이 코드에서는 네 개의 ImmutableEmployee 클래스 인스턴스, me2, me3, me4, me5를 사용해서 값을 수정하고 있다. 이 방법은 immutable_1.cpp에서 여러 개의 지역 변수를 사용한 예와 비슷하지만, 여기서는 지역 변수 대신 클래스가 사용됐다. 실행 결과를 보자.

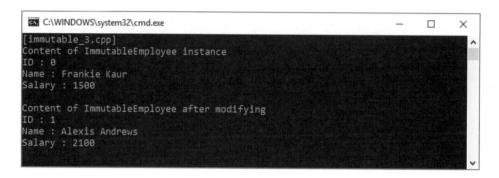

이와 같이 ImmutableEmployee 클래스의 여러 인스턴스를 활용해 값을 수정하는데 성공했다.

▍불변성의 장점

함수형 프로그래밍의 핵심 요소는 불변 객체다. 불변 객체를 통해 얻을 수 있는 이득은 다음과 같다.

- 외부 상태가 변경되지 않으므로 부작용을 없앨 수 있다. 또 변경이 필요하다면, 새로운 객체 인스턴스를 생성해서 객체 내부의 값을 수정할 수 있다.
- 잘못된 객체 상태가 존재하지 않는다. 왜냐하면 현재 객체의 상태를 바꾸는 것이 아니라 변경할 값으로 새로운 객체를 만들기 때문이다.
- 잠금lock 없이 여러 개의 함수를 함께 실행할 수 있기 때문에 스레드에 안전하다. 즉 동기화 이슈를 피할 수 있다.

❚ 요약

3장에서는 먼저 지역 변수를 함수형 방식을 적용해 수정했다. 함수형 방식에서는 한 번 초기화를 거친 변수 값은 수정할 수 없기 때문에 새로운 변수를 만들어 사용했다. 또 다른 함수에 전달한 변수를 수정하는 방법도 알아봤다. 수정을 위해서는 값에 의한 전달이 아닌, 참조에 의한 전달 방식을 사용한다.

const 키워드는 함수 동작에 불변성을 제공한다. const 키워드를 사용하면 클래스 안의 변수가 수정되지 않음을 확신할 수 있다. 또 불변 객체를 만들기 위해 일급 함수와 순수 함수를 적용하는 방법도 알아봤다

가변 클래스를 불변 클래스로 전환하는 방법을 다루면서 가변 객체와 불변 객체를 구분하고 함수형 코드에 적용하는 법을 배웠다. 마지막으로 불변 객체를 코드에 적용했을 때의 장점도 알아봤다.

이즈음 새로운 질문이 생겼을 수 있다. 불변 객체는 함수 내에서 값이 변경되지 않는다고 했는데 그렇다면 재귀recursion는 어떻게 처리해야 할까? 이제 '4장 재귀 함수 호출'에서 그 해답을 찾아보자.

04

재귀 함수 호출

3장에서는 부작용을 피할 수 있게 하는 불변 상태를 배웠다. 4장에서는 재귀를 다룬다. 객체 지향 프로그래밍에서는 보통 재귀 대신 반복^{iteration}을 더 사용하지만, 재귀는 반복보다 많은 장점을 갖고 있다. 예를 들어 특히 수학과 관련된 문제는 재귀를 사용하면 더 쉽게 풀 수 있다. 모든 알고리즘에 재귀를 적용할 수 있으므로 시각화해 증명하기도 편하다. 4장에서는 다음 주제를 다룬다.

- 반복과 재귀의 차이점
- 불변 함수 반복 호출
- 꼬리 재귀$^{tail\ recursion}$ 이해하기
- 재귀의 세 가지 종류: 함수형, 절차형, 백트래킹 재귀

함수를 재귀적으로 호출하기

객체 지향 프로그래밍에서는 특히 같은 처리를 여러 번 되풀이할 때 반복을 사용한다. 지금부터는 반복 대신 재귀를 사용해 작업을 되풀이하고 이를 함수형 코드에 적용해보겠다. 기본적으로 재귀와 반복은 모두 복잡한 작업을 하나씩 작게 나누어 처리하고 그 결과를 조합한다는 면에서 동일하다. 둘 사이의 차이점을 보면 우선, 반복은 작업을 완료할 때까지 필요한 처리를 계속 **되풀이하면서 유지하는 것**을 강조한다. 반면에 재귀는 작업을 해결할 수 있을 때까지 **작은 조각으로 나누는 것**을 더 강조한다. 반복은 파일 끝까지 스트림을 읽을 때처럼 한계치까지 특정 처리를 실행할 때 주로 사용되며, 재귀는 팩토리얼factorial 등을 계산할 때 유용하게 쓰인다.

반복으로 함수 호출

함수 호출을 반복으로 하는 방법부터 살펴보자. 방금 팩토리얼 계산은 재귀로 푸는 것이 좋다고 했지만, 반복으로 해결하는 것 역시 가능하다. 다음 factorial_iteration_do_while. cpp 코드는 하나의 매개변수를 갖는 factorial( ) 함수를 통해 팩토리얼 값을 계산한다.

```cpp
/* factorial_iteration_do_while.cpp */
#include <iostream>

using namespace std;

// do-while 루프를 사용하는 함수 선언

int factorial(int n)
{
  int result = 1;
  int i = 1;

  // do-while 루프를 사용한 반복
```

```cpp
    do
      {
        result *= i;
      }
    while (++i <= n);

    return result;
}

auto main() -> int
{
  cout << "[factorial_iteration_do_while.cpp]" << endl;

  // factorial() 함수를 9번 호출
  for (int i = 1; i < 10; ++i)
  {
    cout << i << "! = " << factorial(i) << endl;
  }

  return 0;
}
```

코드에서는 factorial( ) 함수의 매개변수 n에 따라 반복 횟수가 결정되며 매번 result와 i를 곱하고 그 결과를 다시 result에 저장한다. 이렇게 result에 누적된 계산 결과를 저장하고 반환한다. 실행 결과는 다음과 같다.

```
Command Prompt                                          —    □    ×
[factorial_iteration_do_while.cpp]
1! = 1
2! = 2
3! = 6
4! = 24
5! = 120
6! = 720
7! = 5040
8! = 40320
9! = 362880
```

앞의 코드는 factorial( ) 함수에 for 루프를 써서 수정할 수 있다. 다음의 factorial_
iteration_for.cpp는 do-while 루프 대신 for 루프를 사용한다.

```cpp
/* factorial_iteration_for.cpp */
#include <iostream>

using namespace std;

// for 루프를 사용하는 함수 선언
int factorial(int n)
{
  int result = 1;

  // for 루프를 사용한 반복
  for (int i = 1; i <= n; ++i)
  {
    result *= i;
  }

  return result;
}

auto main( ) -> int
{
  cout << "[factorial_iteration_for.cpp]" << endl;

  // factorial( ) 함수를 9번 호출
  for (int i = 1; i < 10; ++i)
    {
      cout << i << "! = " << factorial(i) << endl;
    }

  return 0;
}
```

for 루프를 사용했지만 반복이 일어날 때마다 result에 i를 곱하는 동작 자체는 변함이 없으므로 실행 결과 역시 동일하다.

```
Command Prompt                                          —    □    ×
[factorial_iteration_for.cpp]
1! = 1
2! = 2
3! = 6
4! = 24
5! = 120
6! = 720
7! = 5040
8! = 40320
9! = 362880
```

지금까지 do-while 루프와 for 루프를 사용한 팩토리얼 계산 방법을 알아봤다.

 do-while 루프를 for 루프로 바꾸는 방법이 사소해 보일 수 있다. 이미 알고 있듯이 for 루프는 문제를 해결하기 위해 필요한 횟수만큼 루프를 돌 때 사용한다. do-while 루프 역시 동일하지만 조건식을 작성할 때 좀 더 유연성이 있다. 앞의 예제 코드는 do-while 루프나 for 루프 모두 재귀 방식으로 바꾸는 데 문제가 없다는 걸 보여주기 위해 선택했다.

재귀로 함수 호출

앞에서 재귀는 반복보다 많은 장점이 있다고 했다. 이번에는 재귀를 사용해 코드를 작성해보자. 다음 factorial_recursion.cpp 코드는 방금 전의 예제와 마찬가지로 팩토리얼을 계산한다. 하지만 이번에는 factorial( )이 함수 끝에서 다시 자기 자신을 호출하는 재귀를 사용한다.

```cpp
/* factorial_recursion.cpp */
#include <iostream>

using namespace std;

// 재귀를 사용하는 함수 선언
int factorial(int n)
{

  if (n == 0)
    return 1;
  else
    return n * factorial(n - 1);
}

auto main() -> int
{
  cout << "[factorial_recursion.cpp]" << endl;

  for (int i = 1; i < 10; ++i)
  {
    cout << i << "! = " << factorial(i) << endl;
  }

  return 0;
}
```

이제 factorial( ) 함수는 n이 0이 될 때까지 자기 자신을 계속 호출한다. 호출할 때마다 n의 값은 감소하며 n이 0이 되면 1을 반환한다. 코드 실행 결과는 루프를 사용했던 앞의 두 예제와 동일하다.

```
C:\Repos\learning_cpp_functional_programming_kor\CodeBlo...    —    □    ×
[factorial_recursion.cpp]
1! = 1
2! = 2
3! = 6
4! = 24
5! = 120
6! = 720
7! = 5040
8! = 40320
9! = 362880
```

> **TIP** 재귀는 코드를 간결하게 만들어서 유지보수를 쉽게 한다. 그렇지만 재귀 함수에 전달하는 인수에 주의해야 한다. 만약 예제 코드의 factorial( ) 함수에 0보다 작은 음수를 전달하면 프로그램이 무한 루프에 빠지면서 크래시가 발생한다.

▋ 불변 함수 반복 호출

3장 마지막 부분에서 어떻게 재귀 함수에 불변 객체를 적용할 수 있을지 질문을 던졌다. 사실 재귀 함수는 상태를 변경할 필요가 없기 때문에 함수형 프로그래밍과 잘 어울린다. 우선 for 루프를 사용하는 다음 fibonacci( ) 함수를 보자.

```cpp
/* fibonacci_iteration.cpp */
#include <iostream>

using namespace std;

// 반복을 사용해서 피보나치 수열을
// 생성하는 함수 구현
int fibonacci(int n)
{
```

```cpp
    if (n == 0)
      return 0;

    int previous = 0;
    int current = 1;

    for (int i = 1; i < n; ++i)
    {
      int next = previous + current;
      previous = current;
      current = next;
    }

    return current;
}

auto main() -> int
{
    cout << "[fibonacci_iteration.cpp]" << endl;

    // fibonacci() 함수를 10번 호출
    for (int i = 0; i < 10; ++i)
      {
        cout << fibonacci(i) << " ";
      }
    cout << endl;

    return 0;
}
```

코드를 보면 previous, current 변수 값이 for 루프를 돌 때마다 계속 변하고 있다. 또 루프를 사용하기 때문에 카운터 역할을 하는 i의 값도 변할 수밖에 없다. 실행 결과를 보자.

```
CMD  Command Prompt                                    —     □     ×
[fibonacci_iteration.cpp]
0 1 1 2 3 5 8 13 21 34
```

이제 이 함수를 재귀 방식으로 수정한 fibonacci_recursion.cpp 코드를 살펴보자.

```cpp
/* fibonacci_recursion.cpp */
#include <iostream>

using namespace std;

// 재귀를 사용해서 피보나치 수열을
// 생성하는 함수 구현
int fibonacci(int n)
{
  if (n <= 1)
    return n;

  return fibonacci(n - 1) + fibonacci(n - 2);
}

auto main() -> int
{
  cout << "[fibonacci_recursion.cpp]" << endl;

  // fibonacci() 함수를 10번 호출
  for (int i = 0; i < 10; ++i)
  {
    cout << fibonacci(i) << " ";
  }
  cout << endl;

  return 0;
}
```

앞의 코드는 함수의 끝에서 함수 자체를 호출하기 때문에 재귀 방식을 사용한다. 재귀 함수 fibonacci()가 생겼으므로 콘솔에 다음과 같은 결과가 나타난다.

```
Command Prompt                                    —  □  ×
[fibonacci_recursion.cpp]
0 1 1 2 3 5 8 13 21 34
```

재귀를 사용하는 fibonacci( )는 for 루프 버전과 달리 변수 값을 바꾸지 않기 때문에 자연스럽게 불변 객체를 사용하게 된다. 실행 결과는 반복 방식을 사용했을 때와 동일하다.

▌ 꼬리 재귀 이해하기

꼬리 재귀는 함수 끝에서 자기 자신을 호출하는 것 외에 더 해야 할 일이 없다는 점에서 일반 재귀와 구분된다. 곧 일반적인 재귀 호출이 스택에 현재 위치를 기록하고 함수에서 작업을 마친 다음, 스택에 기록된 위치로 다시 돌아가서 남은 작업을 처리하는 데 반해, 꼬리 재귀는 자신을 호출한 후 더 할 일이 없으므로 스택에 현재 위치를 기록할 필요가 없다. 앞의 예제 코드 fibonacci_recursion.cpp에서 사용한 재귀 호출에 비해, 꼬리 재귀 호출은 컴파일러가 코드를 최적화할 수 있기 때문에 더 좋은 방법이다. 꼬리 재귀를 구현한 간단한 예제 코드를 보자.

```cpp
/* tail_recursion.cpp */
#include <iostream>

using namespace std;

void displayNumber(long long n)
{
  // 현재 n 값을 출력한다
  cout << n << endl;

  // 함수 마지막에서 재귀 호출을 수행한다
  displayNumber(n + 1);
}
```

```
auto main() -> int
{
  cout << "[tail_recursion.cpp]" << endl;

  // 꼬리 재귀를 사용하는 displayNumber() 함수를 호출한다
  displayNumber(0);

  return 0;
}
```

이 코드에서 displayNumber()는 함수 마지막에서 자기 자신을 호출하는 것 외에 더 남아 있는 작업이 없으므로 꼬리 재귀 함수다. 코드를 실행하면 n값이 계속해서 증가하므로 n 이 long long 타입의 최대값에 도달했을 때 크래시가 발생한다. 그렇지만 이 프로그램은 스택 오버플로우stack overflow 같은 문제는 겪지 않는다. 왜냐하면 꼬리 재귀는 스택을 소비 하지 않기 때문이다.

한편 displayNumber()에서 자기 자신을 계속 호출하는 방법 대신, goto 키워드를 사용할 수도 있다. 다음 tail_recursion_goto.cpp 코드를 살펴보자.

```
/* tail_recursion_goto.cpp */
#include <iostream>

using namespace std;

void displayNumber(long long n)
{
  loop:
    // 현재 n 값을 출력한다
    cout << n << endl;

    // n값을 증가시키고, 재귀 호출을 goto로 대체한다
    n++;
    goto loop;
```

```
    }

    auto main() -> int
    {
        cout << "[tail_recursion_goto.cpp]" << endl;

        // goto를 사용하는 displayNumber() 함수를 호출한다
        displayNumber(0);

        return 0;
    }
```

displayNumber() 함수의 마지막 부분에서 함수 호출 대신 goto 키워드를 사용하고 있다. 이 코드는 컴파일러가 goto 키워드로 마지막 함수 호출을 대체하는 '꼬리 호출 제거tail-call elimination'를 통해 코드를 최적화하는 방법을 보여준다. 여기서의 displayNumber() 함수 역시 스택을 소비하지 않는다.

 꼬리 재귀를 사용한 코드를 컴파일할 때는 최적화 옵션 설정이 필요하다. 책에서 사용하는 GCC에서는 -O2 옵션을 사용해야 한다.[1] 최적화를 사용하지 않고 컴파일하면 앞에서 사용한 tail_recursion.cpp와 tail_recursion_goto.cpp 코드는 스택 오버플로우 문제로 크래시가 발생할 것이다. https://gcc.gnu.org/onlinedocs/gcc-7.1.0/gcc/Optimize-Options.html에서 GCC의 최적화 옵션에 관한 정보를 볼 수 있다.

이번에는 좀 더 쓸만한 꼬리 재귀 함수를 만들어 보자. 앞 단원의 factorial_recursion.cpp 코드에서는 factorial()의 반복 버전을 재귀 호출로 변경했는데 꼬리 재귀를 사용한 건 아니다. 자세히 보면 factorial(n - 1)에서 반환된 값과 n을 곱하고 있으므로, factorial(n - 1) 호출 외에 함수가 해야 할 작업이 남아있다.

---

1 이 책에서 사용하는 Code::Blocks과 GCC를 사용하면 릴리즈 빌드 시에 -O2 옵션이 자동 설정된다. 디버그 빌드에서는 -g 옵션으로 디버깅 심볼 정보가 포함되므로 최적화 옵션은 끄는 것이 좋다. 참고로 Code::Blocks의 'Build log'창에서 빌드시에 사용된 옵션을 볼 수 있다. - 옮긴이

꼬리 재귀를 사용하도록 코드를 개선해보자. 다음 factorial_recursion.cpp 코드에는 꼬리 재귀 함수인 factorialTail( )이 있다.

```cpp
/* factorial_recursion_tail.cpp */
#include <iostream>

using namespace std;

// 꼬리 재귀로 팩토리얼을 계산하는 함수, factorialTail( ) 구현
int factorialTail(int n, int i)
{
  if (n == 0)
    return i;

  return factorialTail(n - 1, n * i);
}

// 꼬리 재귀 함수, factorialTail( )을 호출하는 factorial( ) 구현
int factorial(int n)
{
  return factorialTail(n, 1);
}

auto main( ) -> int
{
  cout << "[factorial_recursion_tail.cpp]" << endl;

  // factorial( ) 함수를 10회 호출.
  for (int i = 1; i < 10; ++i)
  {
    cout << i << "! = " << factorial(i) << endl;
  }

  return 0;
}
```

factorial_recursion.cpp 코드의 factorial( ) 함수는 이 예제 코드에서 두 개의 인수를 필요로 하는 factorialTail( ) 함수로 변경됐다. factorial(i)를 호출하면 결국 factorialTail( ) 함수가 호출된다. factorialTail( ) 함수 마지막에서 자신을 호출하는 것 외에 더 해야 할 작업은 없다. 코드 실행 결과는 일반 재귀 버전과 동일하다.

```
Command Prompt                                    —    □    ×
[factorial_recursion_tail.cpp]
1! = 1
2! = 2
3! = 6
4! = 24
5! = 120
6! = 720
7! = 5040
8! = 40320
9! = 362880
```

▌ 함수형, 절차형, 백트래킹 재귀

재귀에 대해서 조금 익숙해졌을 것이다. 재귀 함수는 함수 내부에서 자기 자신을 호출하며 특정 값에 다다르면 중단된다. 재귀는 비록 표준 용어는 아니지만 보통, 함수형 재귀, 절차형 재귀, 백트래킹 재귀로 구분한다. 함수형 재귀는 어떤 값을 반환하지만 절차형 재귀는 값 반환 없이 각 재귀에서 특정한 작업을 처리한다. 백트래킹 재귀는 워드프로세서의 '되돌리기' 기능처럼 필요한 경우 작업을 취소할 수 있다. 각 타입에 대해 더 알아보자.

함수형 재귀

함수형 재귀의 흐름은 재귀적으로 문제를 풀면서 각 결과 값을 합치는 방식이다. 즉 최종 결과값은 각 재귀 과정의 반환 값을 결합한다. 어떤 수의 제곱을 구해야 한다고 하자. 다음의 exponential_iteration.cpp 코드처럼 반복을 사용해서 코드를 작성할 수 있다. power( ) 함수는 두 개의 매개변수 base, exp를 가진다. 이제 코드를 살펴보자.

```cpp
/* exponential_iteration.cpp */
#include <iostream>

using namespace std;

// 반복을 사용해서 제곱 값을 계산한다
int power(int base, int exp)
{
  int result = 1;

  for (int i = 0; i < exp; ++i)
    {
      result *= base;
    }
  return(result);
}

auto main() -> int
{
  cout << "[exponential_iteration.cpp]" << endl;

  // power() 함수를 여섯 번 호출한다
  for (int i = 0; i <= 5; ++i)
  {
    cout << "power (2, " << i << ") = ";
    cout << power(2, i) << endl;
  }

  return 0;
}
```

아직은 반복을 사용하는 것이 더 익숙하므로 재귀 버전을 만들기 전에 반복을 사용해 코드를 작성했다. 반복할 때마다 result와 base를 곱하면서 result 값을 결합한다. 코드 실행 결과는 다음과 같다.

```
Command Prompt                              —   □   ×
[exponential_iteration.cpp]
power (2, 0) = 1
power (2, 1) = 2
power (2, 2) = 4
power (2, 3) = 8
power (2, 4) = 16
power (2, 5) = 32
```

이제 이 코드를 재귀 버전으로 바꿔보자. 다음 exponential_recursion.cpp 에서 power( ) 는 똑같은 함수 서명을 갖고 있지만, 이번에는 for 루프 대신 재귀를 사용한다.

```cpp
/* exponential_recursion.cpp */
#include <iostream>

using namespace std;

// 재귀를 사용해서 제곱 값을 계산한다
int power(int base, int exp)
{
  if (exp == 0)
    return 1;
  else
    return base * power(base, exp - 1);
}

auto main( ) -> int
{
  cout << "[exponential_recursion.cpp]" << endl;

  // power( ) 함수를 여섯 번 호출한다
  for (int i = 0; i <= 5; ++i)
  {
    cout << "power (2, " << i << ") = ";
    cout << power(2, i) << endl;
  }
```

164

```
        return 0;
    }
```

함수형 재귀는 값을 반환한다. 여기서 power( ) 함수는 int 값을 반환하므로 함수형 재귀 타입이다. 하위 함수가 반환하는 값을 합쳐서 최종 결과 값을 얻는다. 실행 결과는 반복 버전과 동일하다.

```
Command Prompt                                    —    □    ×
[exponential_recursion.cpp]
power (2, 0) = 1
power (2, 1) = 2
power (2, 2) = 4
power (2, 3) = 8
power (2, 4) = 16
power (2, 5) = 32
```

절차형 재귀

때로는 함수 내부에서 필요한 작업을 바로 처리할 수 있어서 반환할 값이 없을 수 있다. 이 때 사용되는 타입이 절차형 재귀다. 짧은 문자열 내에서 생성 가능한 순열permutation[2]을 찾는다고 하자. 이 경우는 값을 반환하지 않고 재귀가 실행될 때마다 뽑아낸 문자열을 출력하는 것이 더 간단하다.

다음 permutation.cpp 코드에서 절차형 재귀의 예시를 볼 수 있다. permute( ) 함수가 한 번 호출되면 doPermute( )가 재귀적으로 실행된다.

```
/* permutation.cpp */
#include <iostream>

using namespace std;
```

---

2 순열(permutation)은 '서로 다른 n개 중에서 r개를 선택해서 일렬로 배열하는 것'을 의미한다. 기호는 nPr로 표시하며 경우의 수를 구할 때 주로 사용한다. 예를 들어 1에서 5의 숫자 중 세 자리 수의 숫자를 만드는 경우의 수는 5P3 = 60이다. – 옮긴이

```cpp
// 인수로 전달받은 string의 순열을 계산한다
void doPermute(
  const string &chosen,
  const string &remaining)
  {
    if (remaining == "")
    {
      cout << chosen << endl;
    }
    else
    {
      for (uint32_t u = 0; u < remaining.length(); ++u)
      {
        doPermute(
          chosen + remaining[u],
          remaining.substr(0, u)
          + remaining.substr(u + 1));
      }
    }
}

// doPermute() 호출
void permute(
  const string &s)
{
  doPermute("", s);
}

auto main() -> int
{
  cout << "[permutation.cpp]" << endl;

  // str 변수를 선언하고
  // 변수에 채울 문자열을 입력받는다
  string str;
  cout << "Permutation of a string" << endl;
```

```
        cout << "Enter a string: ";
        getline(cin, str);

        // permute( ) 함수를 호출해서 가능한 순열을 찾는다
        cout << endl << "The possibility permutation of ";
        cout << str << endl;
        permute(str);

        return 0;
    }
```

이 코드에서는 사용자로부터 문자열을 입력받은 다음, 이 문자열에서 생성 가능한 순열을 permute( ) 함수를 통해 구한다. 빈^{empty} 문자열을 입력할 수 있으므로 doPermute( )는 처음에 빈 문자열 여부를 확인한다. 실행 결과는 다음과 같다.

```
[permutation.cpp]
Permutation of a string
Enter a string: xyz

The possibility permutation of xyz
xyz
xzy
yxz
yzx
zxy
zyx
```

백트랙킹 재귀

백트랙킹 재귀에서는 ctrl+z를 눌렀을 때처럼 실행을 취소할 수 있다. 미로^{labyrinth}를 예로 들어보자. 다음처럼 S부터 F까지 이르는 길을 찾아야 하는 미로가 있다.

```
# # # # # # # #
# S         #
# # #   # # # #
#   #   # # # #
#           #
#   # # # # # #
#         F #
# # # # # # # #
```

출구 F를 찾기 위해서는 올바른 경로를 선택하는 과정이 필요하다. 한 번 선택한 경로는 해당 경로가 잘못된 것이 확실할 때까지는 올바른 경로라고 가정한다. 재귀는 bool 값을 반환해 그 경로가 올바른지 여부를 나타내는데, 잘못된 경로라면 스택 되감기^{stack unwind}를 통해 선택을 취소한다. 먼저 코드를 통해 미로를 그려보자. 다음 코드에는 미로를 생성하는 createLabyrinth( ) 함수와 미로를 출력하는 displayLabyrinth( ) 함수가 있다.

```cpp
/* labyrinth.cpp */
#include <iostream>
#include <vector>

using namespace std;

const int rows = 8;
const int cols = 8;

vector<vector<char>> createLabyrinth()
{
  // 다차원 벡터 labyrinth를 초기화한다
  // #은 통과할 수 없는 벽이다
  // S는 출발 지점, E는 도착 지점이다
  vector<vector<char>> labyrinth =
  {
    { '#', '#', '#', '#', '#', '#', '#', '#' },
    { '#', 'S', ' ', ' ', ' ', ' ', ' ', '#' },
```

```
      { '#', '#', '#', ' ', '#', '#', '#', '#' },
      { '#', ' ', '#', ' ', '#', '#', '#', '#' },
      { '#', ' ', ' ', ' ', ' ', ' ', ' ', '#' },
      { '#', ' ', '#', '#', '#', '#', '#', '#' },
      { '#', ' ', ' ', ' ', ' ', ' ', 'F', '#' },
      { '#', '#', '#', '#', '#', '#', '#', '#' }
  };

  return labyrinth;
}

void displayLabyrinth(vector<vector<char>> labyrinth)
{
  cout << endl;
  cout << "====================" << endl;
  cout << "The Labyrinth" << endl;
  cout << "====================" << endl;

  // 벡터 labyrinth를 출력한다
  for (int i = 0; i < rows; i++)
  {
    for (int j = 0; j < cols; j++)
    {
      cout << labyrinth[i][j] << " ";
    }
    cout << endl;
  }
  cout << "====================" << endl << endl;
}

auto main() -> int
{
  vector<vector<char>> labyrinth = createLabyrinth();
  displayLabyrinth(labyrinth);

  string line;
  cout << endl << "Press enter to continue..." << endl;
  getline(cin, line);
```

```
    return 0;
  }
```

이 코드는 아직 재귀를 사용하지 않는다. createLabyrinth( ) 함수는 단지 미로의 패턴을 나타내는 다차원 벡터를 만든다. 그리고 displayLabyrinth( )는 벡터의 내용을 콘솔에 출력한다. 실행 결과를 확인하자.

출력 결과에는 출발 지점 S와 도착 지점 F가 표시돼있다. 이제 S를 시작으로 F에 도착하는 경로를 찾는 코드를 작성해야 한다. 예상되는 올바른 경로를 다음 그림에 표시했다.

그림에서 하얀 화살표가 S에서 F까지 갈 수 있는 올바른 경로다. 이제 이 미로를 빠져 나가는 코드를 만들자. 다음의 세 가지 상황을 해결하면서 가능한 경로를 찾는다.

- 만약 [x, y] 위치가 도착 지점 F라면 미로를 빠져 나온 것이므로 true를 반환한다.
- 만약 [x, y] 위치가 #이면, 통과할 수 없는 벽이므로, 다른 [x, y] 위치로 이동한다.
- 도착 지점 F도 아니고, 벽도 아니라면 올바른 경로라는 걸 표시하기 위해 *를 출력한다.

위의 세 가지 상태를 염두에 두면서 다음 작업을 처리할 navigate( ) 함수를 작성한다.

- row - 1이 0보다 크거나 같고, 벽이 아니면 위로 이동한다(row - 1 >= 0 && navigate(labyrinth, row - 1, col)).
- row + 1이 8보다 작고, 벽이 아니면 아래로 이동한다(row + 1 < 8 && navigate(labyrinth, row + 1, col)).
- col -1이 0보다 크거나 같고, 벽이 아니면 왼쪽으로 이동한다(col - 1 >= 0 && navigate(labyrinth, row, col - 1)).
- col + 1이 8보다 작고, 벽이 아니면 오른쪽으로 이동한다(col + 1 < 8 && navigate(labyrinth, row, col + 1)).

navigate( ) 함수 코드를 살펴보자.

```
bool navigate(
  vector<vector<char>> labyrinth,
  int row,
  int col)
{
  // labyrinth 출력
  displayLabyrinth(labyrinth);

  cout << "Checking cell (";
```

```cpp
    cout << row << "," << col << ")" << endl;

    // 미로 탐색 과정을 명확히 보여주기 위해
    // 경로 탐색 전에 1초 대기한다
    sleep(1);

    if (labyrinth[row][col] == 'F')
    {
      cout << "Yeayy.. ";
      cout << "Found the finish flag ";
      cout << "at point (" << row << ",";
      cout << col << ")" << endl;
      return (true);
    }
    else if (
      labyrinth[row][col] == '#' ||
      labyrinth[row][col] == '*')
    {
      return (false);
    }
    else if (labyrinth[row][col] == ' ')
    {
      labyrinth[row][col] = '*';
    }

    if ((row + 1 < rows) &&
      navigate(labyrinth, row + 1, col))
      return (true);

    if ((col + 1 < cols) &&
      navigate(labyrinth, row, col + 1))
      return (true);

    if ((row - 1 >= 0) &&
      navigate(labyrinth, row - 1, col))
      return (true);

    if ((col - 1 >= 0) &&
```

```
    navigate(labyrinth, row, col - 1))
    return (true);

  return (false);
}
```

navigate( )는 도착 지점 F까지의 정확한 경로를 찾는다. 그런데 경로를 찾기 전에 출발 지점 S가 어디인지도 알아야 한다. 이 작업은 isLabyrinthSolvable( ) 함수가 담당하는데, 벡터 labyrinth를 반복하면서 S가 어디에 있는지 찾는다. 다음은 isLabyrinthSolvable( ) 함수 코드다.

```
bool isLabyrinthSolvable(
  vector<vector<char>> labyrinth)
{
  int start_row = -1;
  int start_col = -1;
  for (int i = 0; i < rows; i++)
  {
    for (int j = 0; j < cols; j++)
    {
        if (labyrinth[i][j] == 'S')
        {
            start_row = i;
            start_col = j;
            break;
        }
    }
  }

  if (start_row == -1 || start_col == -1)
  {
    cerr << "No valid starting point found!" << endl;
    return (false);
  }
```

```
        cout << "Starting at point (" << start_row << ",";
        cout << start_col << ")" << endl;

        return navigate(labyrinth, start_row, start_col);
    }
```

이 코드에서는 변수 rows, cols를 사용하는데, 이 두 변수는 전역 변수로 선언됐다.

```
    const int rows = 8;
    const int cols = 8;
```

이제 navigate( )와 isLabyrinthSolvable( )가 추가된 labyrinth.cpp 코드의 완성된 버전을 살펴보자.

```
/* labyrinth.cpp */
#include <iostream>
#include <vector>
#include <unistd.h>

using namespace std;

const int rows = 8;
const int cols = 8;

vector<vector<char>> createLabyrinth( )
{
    // 다차원 벡터 labyrinth를 초기화한다
    // #은 통과할 수 없는 벽이다
    // S는 출발 지점, E는 도착 지점이다
    vector<vector<char>> labyrinth =
    {
        { '#', '#', '#', '#', '#', '#', '#', '#' },
        { '#', 'S', ' ', ' ', ' ', ' ', ' ', '#' },
        { '#', '#', '#', ' ', '#', '#', '#', '#' },
```

```
    { '#', ' ', '#', ' ', '#', '#', '#', '#' },
    { '#', ' ', ' ', ' ', ' ', ' ', ' ', '#' },
    { '#', ' ', '#', '#', '#', '#', '#', '#' },
    { '#', ' ', ' ', ' ', ' ', ' ', 'F', '#' },
    { '#', '#', '#', '#', '#', '#', '#', '#' }
  };

  return labyrinth;
}


void displayLabyrinth(vector<vector<char>> labyrinth)
{
  cout << endl;
  cout << "====================" << endl;
  cout << "The Labyrinth" << endl;
  cout << "====================" << endl;

  // 벡터 labyrinth를 출력한다
  for (int i = 0; i < rows; i++)
  {
    for (int j = 0; j < cols; j++)
    {
      cout << labyrinth[i][j] << " ";
    }
    cout << endl;
  }
  cout << "====================" << endl << endl;
}


bool navigate(
  vector<vector<char>> labyrinth,
  int row,
  int col)
{
  // labyrinth 출력
  displayLabyrinth(labyrinth);

  cout << "Checking cell (";
```

```cpp
    cout << row << "," << col << ")" << endl;

    // 미로 탐색 과정을 명확히 보여주기 위해
    // 경로 탐색 전에 1초 대기한다
    sleep(1);

    if (labyrinth[row][col] == 'F')
    {
      cout << "Yeayy.. ";
      cout << "Found the finish flag ";
      cout << "at point (" << row << ",";
      cout << col << ")" << endl;
      return (true);
    }
    else if (
      labyrinth[row][col] == '#' ||
      labyrinth[row][col] == '*')
      {
        return (false);
      }
    else if (labyrinth[row][col] == ' ')
    {
      labyrinth[row][col] = '*';
    }

    if ((row + 1 < rows) &&
      navigate(labyrinth, row + 1, col))
      return (true);

    if ((col + 1 < cols) &&
      navigate(labyrinth, row, col + 1))
      return (true);

    if ((row - 1 >= 0) &&
      navigate(labyrinth, row - 1, col))
      return (true);

    if ((col - 1 >= 0) &&
```

```cpp
            navigate(labyrinth, row, col - 1))
        return (true);

        return (false);
}

bool isLabyrinthSolvable(
    vector<vector<char>> labyrinth)
{
    int start_row = -1;
    int start_col = -1;
    for (int i = 0; i < rows; i++)
    {
        for (int j = 0; j < cols; j++)
        {
            if (labyrinth[i][j] == 'S')
            {
                start_row = i;
                start_col = j;
                break;
            }
        }
    }

    if (start_row == -1 || start_col == -1)
    {
        cerr << "No valid starting point found!" << endl;
        return (false);
    }

    cout << "Starting at point (" << start_row << ",";
    cout << start_col << ")" << endl;

    return navigate(labyrinth, start_row, start_col);
}

auto main() -> int
{
```

```cpp
    vector<vector<char>> labyrinth = createLabyrinth();
    displayLabyrinth(labyrinth);

    string line;
    cout << endl << "Press enter to continue..." << endl;
    getline(cin, line);

    if (isLabyrinthSolvable(labyrinth))
      cout << "Labyrinth solved!" << endl;
    else
      cout << "Labyrinth could not be solved!" << endl;

    return 0;
}
```

main() 함수에서는 먼저 isLabyrinthSovable()를 호출하는데, 이 함수 내부에서는 다시 navigate()를 호출한다. navigate() 함수는 벡터 labyrinth를 통과하면서 정확한 경로를 찾는다. 실행 결과는 다음과 같다.

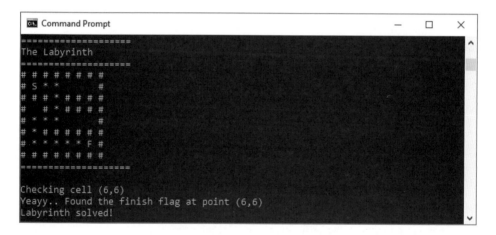

프로그램은 1초마다 현재 위치가 올바른 경로인지를 출력하기 때문에 어떻게 미로를 통과하는지 그 과정을 지켜볼 수 있다. 다음 그림에서 사각형으로 표시한 부분을 보자.

```
Command Prompt - labyrinth                                   −    □    ×

===================
The Labyrinth
===================
# # # # # # # #
# S * *         #
# # # * # # #   #
#   # * # # # # #
#     * * * #   #
#   # # # # #   #
#       # # F # #
# # # # # # # #
===================

Checking cell (4,7)
```

사각형으로 표시한 부분은, 오른쪽 끝이 벽(#)으로 막혀 있으므로 잘못된 경로다. 이렇게 장애물을 만나면 경로를 다시 되돌아온다. 즉 기존 선택을 취소하면서 다른 길을 찾는다. 다음은 다른 경로를 찾고 이전 선택을 취소했을 때의 출력 화면이다.

```
Command Prompt                                               −    □    ×

===================
The Labyrinth
===================
# # # # # # # #
# S * *         #
# # # * # # #   #
#   # * # # # # #
# * * * #       #
#   # # # # #   #
#       # # F # #
# # # # # # # #
===================

Checking cell (5,1)
```

이 출력 결과에서는 새로 발견한 경로가 표시돼있고, 앞에서 실패한 경로는 사라졌다. 이는 백트래킹 재귀가 잘못된 경로를 취소했기 때문이다. 이제 navigate( ) 재귀 함수는 올바른 경로를 찾았고, 도착 지점 F에 다다를 때까지 이 과정을 되풀이한다.

▌ 요약

4장에서는 반복과 재귀를 사용해서 함수 호출을 되풀이하는 방법을 알아봤다. 반복보다는 재귀가 함수형 프로그래밍에 적합하므로 재귀를 설명하는데 더 집중했다. 또 반복과 재귀의 차이점을 짚어봤고 가변 객체를 사용하는 함수를 재귀 함수로 바꾸면서 불변성을 부여했다.

재귀의 기본 내용을 알아본 뒤에는 더 향상된 기술인 꼬리 재귀를 공부했다. 마지막으로 재귀의 세 가지 종류인 함수형, 절차형, 백트래킹 재귀를 설명했다.

5장에서는 코드를 더 빠르게 실행하는 기법인 지연 평가lazy evaluation를 다룬다. 지연 평가를 사용하면 불필요한 코드 실행을 방지하므로 더 효율적인 코드를 만들 수 있다.

05

지연 평가로 실행 늦추기

4장에서는 재귀를 사용해서 함수 호출을 되풀이하는 방법을 알아봤다. 5장에서는 지연 평가에 대해 알아본다. 지연 평가를 사용하면 필요할 때만 코드를 실행할 수 있기 때문에 더 효율적인 코드를 작성할 수 있다. 또 4장에서 배운 재귀를 적용해 지연 코드를 만드는 방법도 알아본다.

5장에서는 코드 실행 속도를 높이기 위해 **지연 평가**에 대해 설명한다. 이렇게 하면 불필요한 코드가 실행되지 않으므로 코드가 효율적이다. 5장에서는 다음 주제를 다룬다.

- 즉시eager 평가와 지연 평가의 차이점
- 캐싱caching 기술을 사용한 코드 최적화
- 즉시 평가를 지연 평가로 바꾸기
- 재사용 가능한 클래스 설계

▌ 표현식 평가

모든 프로그래밍 언어는 매개변수에 전달되는 타입이 무엇인지, 그리고 언제 인수를 평가하는지 결정하는 고유한 전략strategy이 있다. 주로 사용되는 두 가지 전략은 즉시 평가와 지연 평가다.

즉시 평가

즉시 실행은 대부분의 명령형 언어에서 사용되며 코드를 바로 실행한다. 다음의 코드를 보자.

```
int i = (x + (y * z));
```

즉시 실행에서는 가장 안쪽의 괄호가 우선 계산되고 다음에 바깥 쪽 괄호가 처리된다. 그래서 y * z가 먼저 계산되고 이 결과를 x에 더한다. 예제 코드 strict.cpp를 통해서 더 확실히 알아보자.

```
/* strict.cpp */
#include <iostream>

using namespace std;

int OuterFormula(int x, int yz)
{
  // 로깅 목적으로 콘솔에 출력한다
  cout << "Calculate " << x << " + ";
  cout << "InnerFormula(" << yz << ")";
  cout << endl;

  // 계산 결과를 반환한다
```

```cpp
    return x * yz;
}

int InnerFormula(int y, int z)
{
    // 로깅 목적으로 콘솔에 출력한다
    cout << "Calculate " << y << " * ";
    cout << z << endl;

    // 계산 결과를 반환한다
    return y * z;
}

auto main() -> int
{
    cout << "[strict.cpp]" << endl;

    // 세 개의 int 변수를 초기화한다
    int x = 4;
    int y = 3;
    int z = 2;

    // 표현식 계산
    cout << "Calculate " << x << " + ";
    cout << "(" << y << " * " << z << ")";
    cout << endl;
    int result = OuterFormula(x, InnerFormula(y, z));

    // 로깅 목적으로 콘솔에 출력한다
    cout << x << " + ";
    cout << "(" << y << " * " << z << ")";
    cout << " = " << result << endl;
    return 0;
}
```

코드를 보면 y * z를 먼저 계산하고 이 결과를 x에 더한다. 출력 결과는 다음과 같다.

```
CMD Command Prompt                                    —    □    ×
[strict.cpp]
Calculate 4 + (3 * 2)
Calculate 3 * 2
Calculate 4 + InnerFormula(6)
4 + (3 * 2) = 24
```

실행 순서는 예상한 것과 동일하다. 이제 지연 평가를 사용해서 실행 순서를 바꿔보자.

지연 평가

이번에는 + 연산자를 먼저 처리하고 (y * z)를 나중에 처리하도록 지연한다. 즉 코드의 실행 순서가 외부에서 시작하여 내부로 이동한다. 지연 평가를 적용한 non_strict.cpp 코드를 보자.

```cpp
/* non_strict.cpp */
#include <functional>
#include <iostream>

using namespace std;

int OuterFormulaNonStrict(
  int x,
  int y,
  int z,
  function<int(int, int)> yzFunc)
  {
    // 로깅 목적으로 콘솔에 출력한다
    cout << "Calculate " << x << " + ";
    cout << "InnerFormula(" << y << ", ";
    cout << z << ")" << endl;

    // 계산 결과를 반환한다
```

```cpp
    return x + yzFunc(y, z);
  }

int InnerFormula(int y, int z)
{
  // 로깅 목적으로 콘솔에 출력한다
  cout << "Calculate " << y << " * ";
  cout << z << endl;

  // 계산 결과를 반환한다
  return y * z;
}

auto main() -> int
{
  cout << "[non_strict.cpp]" << endl;

  // 세 개의 int 변수를 초기화한다
  int x = 4;
  int y = 3;
  int z = 2;

  // 표현식 계산
  cout << "Calculate " << x << " + ";
  cout << "(" << y << " * " << z << ")";
  cout << endl;
  int result = OuterFormulaNonStrict(x, y, z, InnerFormula);

  // 로깅 목적으로 콘솔에 출력한다
  cout << x << " + ";
  cout << "(" << y << " * " << z << ")";
  cout << " = " << result << endl;

  return 0;
}
```

strict.cpp 코드의 `OuterFormula()` 함수를 여기서는 `OuterFormulaNonStrict()`로 변경했다. 이 함수는 x, y, z 외에 추가로 함수를 매개변수로 받는다. 매개변수에 추가된 함수 실행을 '지연'하므로 결과적으로 실행 순서가 변경됐다. 코드 실행 결과는 다음과 같다.

```
C:\Repos\learning_cpp_functional_programming_kor\CodeBlo...    —    □    ×
[non_strict.cpp]
Calculate 4 + (3 * 2)
Calculate 4 + InnerFormula(3, 2)
Calculate 3 * 2
4 + (3 * 2) = 10
```

strict.cpp의 실행 결과와 비교하면 * 연산이 지연되어 실행된다는 걸 알 수 있다. 한편 실행 순서는 변경됐지만 결과 값은 동일하다.

지연 평가에 필요한 기술

지연 코드를 만들기 전에 필요한 기술들을 먼저 알아보자. 지연 코드를 만들기 위해서는 처리 흐름 늦추기, 불필요한 계산을 피해서 성능을 높이는 캐싱, 값비싼 함수 호출의 결과를 저장해 두고 동일한 입력에는 저장된 결과를 반환해 속도를 높이는 최적화 기술 등이 필요하다. 이러한 기술을 먼저 알아본 뒤에 실제로 지연 코드를 만들어 볼 것이다.

처리 흐름 늦추기

지연의 기본 개념은 흐름을 늦추는 것이다. 어떻게 특정 처리 흐름을 늦출 수 있는지 알아보자. 새로운 클래스 Delay를 만들고 생성자가 매개변수로 함수를 받도록 한다. 매개변수로 전달된 함수는 Delay 클래스의 멤버 함수 `Fetch()`를 호출하지 않는 한 실행되지 않는다. 클래스 구현은 다음과 같다.

```
template<class T> class Delay
{
  private:
    function<T( )> m_func;

  public:
    Delay(function<T( )> func) : m_func(func)
    {
    }

    T Fetch( )
    {
      return m_func( );
    }
};
```

이제 Delay 클래스를 사용하는 코드를 만들자. delaying.cpp 파일을 만들어 2개의 Delay 객체 인스턴스인 multiply와 division을 만든다. 그러나 이 두 함수는 Fetch( ) 메서드를 호출한 후에만 실행된다. 전체 코드를 살펴보자.

```
/* delaying.cpp */
#include <iostream>
#include <functional>

using namespace std;

template<class T> class Delay
{
  private:
    function<T( )> m_func;

  public:
    Delay(function<T( )> func) : m_func(func)
    {
```

```cpp
        }

        T Fetch()
        {
            return m_func();
        }
    };

auto main() -> int
{
    cout << "[delaying.cpp]" << endl;

    // int 변수 a, b 초기화
    int a = 10;
    int b = 5;

        cout << "Constructing Delay<> named multiply";
        cout << endl;
        Delay<int> multiply([a, b]()
        {
            cout << "Delay<> named multiply";
            cout << " is constructed." << endl;
            return a * b;
        });

    cout << "Constructing Delay<> named division";
    cout << endl;
    Delay<int> division([a, b]()
    {
        cout << "Delay<> named division ";
        cout << "is constructed." << endl;
        return a / b;
    });

    cout << "Invoking Fetch() method in ";
    cout << "multiply instance." << endl;
    int c = multiply.Fetch();
```

```
cout << "Invoking Fetch() method in ";
cout << "division instance." << endl;
int d = division.Fetch();

// 결과 출력
cout << "The result of a * b = " << c << endl;
cout << "The result of a / b = " << d << endl;

return 0;
}
```

multiply와 division 인스턴스를 생성할 때 람다 표현식을 인수로 전달했다. 이 람다 표현식은 인스턴스 생성 시점에 실행되지 않고 multiply.Fetch(), division.Fetch()처럼 Fetch() 함수를 명시적으로 호출해야 실행된다. 실행 결과를 보자.

출력 결과에서 볼 수 있듯이 Delay 클래스의 생성자가 호출될 때가 아니라 Fetch() 메서드가 호출될 때 multiply와 division 인스턴스가 생성된다(두 개의 흰색 화살표 참조). 이제 특정 작업이 필요한 경우에만 해당 함수를 호출해서 사용하도록 처리를 늦추는 코드를 만들었다.

메모이제이션으로 값 캐싱

앞에서 Delay 클래스를 사용해 함수 실행을 늦추는 데 성공했다. 하지만 만약 실행되는 함수가 순수 함수가 아니라면 부작용이 발생해 예상하지 못한 결과를 얻게 될 것이다. 이번에는 의도적으로 비순수 함수를 만들어서 어떤 결과가 발생하는지 살펴보겠다.

```cpp
/* delaying_non_pure.cpp */
#include <iostream>
#include <functional>

using namespace std;

template<class T> class Delay
{
  private:
    function<T()> m_func;

  public:
    Delay(function<T()> func) : m_func(func)
    {
    }

    T Fetch()
    {
      return m_func();
    }
};

auto main() -> int
{
  cout << "[delaying_non_pure.cpp]" << endl;

  // int 변수 a, b, multiplexer 초기화
  int a = 10;
  int b = 5;
```

```
int multiplexer = 0;

// multiply_impure 생성
Delay<int> multiply_impure([&]()
{
  return multiplexer * a * b;
});

// multiply_impure 인스턴스의 Fetch()를 여러 번 호출
for (int i = 0; i < 5; ++i)
{
  ++multiplexer;
  cout << "Multiplexer = " << multiplexer << endl;
  cout << "a * b = " << multiply_impure.Fetch();
  cout << endl;
}

return 0;
}
```

이 코드는 delaying.cpp의 multiply 대신 새로운 람다 표현식 multiply_impure를 사용한다. 람다 표현식을 자세히 보면 multiplexer 변수를 사용하는데 for 루프를 반복할 때마다 값이 증가한다. 실행 결과는 다음과 같다.

```
[delaying_non_pure.cpp]
Multiplexer = 1
a * b = 50
Multiplexer = 2
a * b = 100
Multiplexer = 3
a * b = 150
Multiplexer = 4
a * b = 200
Multiplexer = 5
a * b = 250
```

이처럼 Fetch( ) 함수는 호출할 때마다 다른 결과를 보여준다. 이제는 동일한 인수로 함수를 실행하면 똑같은 결과를 반환하도록 Delay 클래스를 수정해본다. 여기서는 메모이제이션이라는 기술을 사용할 텐데, 메모이제이션은 함수 호출 결과를 저장했다가 동일한 입력이 발생하면 저장한 결과를 반환한다.

Memoization 클래스는 함수 호출을 지연시킬 뿐만 아니라 전달된 인수와 함께 함수를 저장한다. 그래서 다음 번에 다시 함수 호출이 발생하면 함수 자체를 실행하는 것이 아니라 단순히 저장된 결과를 반환만 한다. Memoization 클래스 구현을 살펴보자.

```cpp
template<class T> class Memoization
{
  private:
    T const & (*m_subRoutine)(Memoization *);
    mutable T m_recordedFunc;
    function<T( )> m_func;

    static T const & ForceSubroutine(Memoization * d)
    {
      return d->DoRecording( );
    }

    static T const & FetchSubroutine(Memoization * d)
    {
      return d->FetchRecording( );
    }

    T const & FetchRecording( )
    {
      return m_recordedFunc;
    }

    T const & DoRecording( )
    {
      m_recordedFunc = m_func( );
      m_subRoutine = &FetchSubroutine;
```

```
      return FetchRecording();
    }

  public:
    Memoization(function<T()> func) : m_func(func),
      m_subRoutine(&ForceSubroutine),
      m_recordedFunc(T())
    {
    }

  T Fetch()
  {
    return m_subRoutine(this);
  }
};
```

FetchRecording()은 m_recordedFunc에 저장된 값을 가져오고, DoRecording()은 m_recordedFunc에 함수 호출 결과를 저장한다. 클래스 인스턴스가 생성되면 생성자에 전달된 람다 표현식은 멤버 변수 m_func에 저장된다. 그리고 m_subRoutine에는 ForceSubroutine() 함수 포인터가 저장된다. main()에서 Fetch()를 처음 호출하면 Memoization 클래스의 DoRecording()이 실행된다. 이 함수는 m_func()에 저장된 함수를 실행하고 결과 값을 m_recordedFunc에 저장한다. 그리고 결과 값을 저장했으므로 다음 Fetch()호출 시에 단순히 m_recordedFunc에 저장된 값만 반환하기 위해 m_subRoutine을 FetchSubroutine 함수 포인터로 바꿔준다. 이제 Memoization 클래스를 사용하는 delaying_non_pure_memoization.cpp 코드를 살펴보자.

```
/* delaying_non_pure_memoization.cpp */
#include <iostream>
#include <functional>

using namespace std;

template<class T> class Memoization
```

```
{
  private:
    T const & (*m_subRoutine)(Memoization *);
    mutable T m_recordedFunc;
    function<T()> m_func;

    static T const & ForceSubroutine(Memoization * d)
    {
      return d->DoRecording();
    }

    static T const & FetchSubroutine(Memoization * d)
    {
      return d->FetchRecording();
    }

    T const & FetchRecording()
    {
      return m_recordedFunc;
    }

    T const & DoRecording()
    {
      m_recordedFunc = m_func();
      m_subRoutine = &FetchSubroutine;
      return FetchRecording();
    }

  public:
    Memoization(function<T()> func) : m_func(func),
      m_subRoutine(&ForceSubroutine),
      m_recordedFunc(T())
    {
    }

  T Fetch()
  {
    return m_subRoutine(this);
```

```
    }
  };

  auto main( ) -> int
  {
    cout << "[delaying_non_pure_memoization.cpp]" << endl;

    // int 변수 a, b, multiplexer 초기화
    int a = 10;
    int b = 5;
    int multiplexer = 0;

    // multiply_impure 생성
    Memoization<int> multiply_impure([&]( )
    {
      return multiplexer * a * b;
    });

    // multiply_impure 인스턴스의 Fetch( )를 여러 번 호출
    for (int i = 0; i < 5; ++i)
    {
      ++multiplexer;
      cout << "Multiplexer = " << multiplexer << endl;
      cout << "a * b = " << multiply_impure.Fetch( );
      cout << endl;
    }

    return 0;
  }
```

이 코드에서 main( ) 함수는 많이 수정되지 않았다. multiply_impure가 Delay 클래스 대신 Memoization 클래스를 사용하도록 수정됐다. 이제 multiply_impure.Fetch( )를 다섯 번 호출하는 동안 반환되는 결과 값은 항상 동일하다.

```
Command Prompt                                             —   □   ✕

[delaying_non_pure_memoization.cpp]
Multiplexer = 1
a * b = 50
Multiplexer = 2
a * b = 50
Multiplexer = 3
a * b = 50
Multiplexer = 4
a * b = 50
Multiplexer = 5
a * b = 50
```

결과를 보면 Multiplexer 값이 증가하더라도 계산 결과는 동일하다. 이는 처음 함수 호출
의 결과를 저장하고 이후부터는 저장된 결과 값만 반환하기 때문이다.

 2장에서 배운 것처럼 함수형 프로그래밍에서는 비순수 함수를 배제해야 한다. 비록 앞의
Memoization 클래스를 사용해서 비순수 함수도 동일한 결과를 반환하도록 할 수 있었지만,
정말로 다른 결과, 그러니까 캐시되지 않은 결과를 의도했던 거라면 이 또한 버그를 만들게
될 것이다.

메모이제이션으로 코드 최적화

메모이제이션은 비순수 함수나 부작용을 가진 함수에 적용하기에 유용한 기법이지만, 코
드 최적화에도 자주 이용된다. 메모이제이션을 적용한 코드는 좀 더 빠르다. 동일한 인수
를 갖고 같은 함수를 여러 번 호출한다고 하자. 함수를 매번 실행하는 대신, 처음 호출됐을
때의 실행 결과를 저장했다가 이 값을 읽어오는 편이 더 빠를 것이다. 또 함수 호출 비용이
큰 함수에 메모이제이션을 적용하면 값비싼 함수 호출을 반복할 필요가 없다.

최적화에 대해 더 알아보기 위해 코드를 작성해 보자. 앞에서 작성한 Delay 클래스를 사용
하는데 이 클래스는 Memoization 클래스에 비하면 최적화된 코드가 아니다. Delay 클래스
를 사용해 4장에서 만들었던 fibonacci( ) 함수를 호출한다. fibonacci( )에 인수 40을 전

달하고 Fetch( ) 함수를 5번 호출한다. 또 chrono 헤더 안에 있는 high_resolution_clock 클래스를 사용해 함수가 호출될 때마다 실행 시간을 측정한다. high_resolution_clock 클래스를 사용하면 시작과 종료 시간을 저장한 뒤에 그 시간 차이로 실행 시간을 얻을 수 있다. 마지막으로 Fetch( ) 함수의 실행 시간 외에 전체 코드의 실행 시간도 측정한다. not_optimize_code.cpp 코드 구현은 다음과 같다.

```cpp
/* not_optimize_code.cpp */
#include <iostream>
#include <functional>
#include <chrono>

using namespace std;

template<class T> class Delay
{
  private:
    function<T( )> m_func;
  public:
    Delay(function<T( )> func) : m_func(func)
    {
    }

    T Fetch( )
    {
      return m_func( );
    }
};

// 피보나치 수열을 계산하는 함수
int fibonacci(int n)
{
  if (n <= 1)
    return n;
  return fibonacci(n - 1) + fibonacci(n - 2);
}
```

```cpp
auto main() -> int
{
    cout << "[not_optimize_code.cpp]" << endl;
    // 프로그램 시작 시간 기록
    auto start = chrono::high_resolution_clock::now();

    // 피보나치 계산 결과를 저장할 int 변수 초기화
    int fib40Result = 0;

    // fib40 생성
    Delay<int> fib40([]()
    {
        return fibonacci(40);
    });

    for (int i = 1; i <= 5; ++i)
    {
        cout << "Invocation " << i << ". ";

        // 시작 시간 기록
        auto start = chrono::high_resolution_clock::now();

        // fib40 인스턴스의 Fetch() 함수 호출
        fib40Result = fib40.Fetch();

        // 종료 시간 기록
        auto finish = chrono::high_resolution_clock::now();

        // 실행 시간 계산
        chrono::duration<double, milli> elapsed = finish - start;

        // 결과 출력
        cout << "Result = " << fib40Result << ". ";

        // fib40.Fetch() 실행 시간 출력
        cout << "Consuming time = " << elapsed.count();
        cout << " milliseconds" << endl;
```

```
    }

    // 프로그램 종료 시간 기록
    auto finish = chrono::high_resolution_clock::now();

    // 프로그램 실행 시간 계산
    chrono::duration<double, milli> elapsed = finish - start;

    // 프로그램 실행 시간 출력
    cout << "Total consuming time = ";
    cout << elapsed.count() << " milliseconds" << endl;

    return 0;
}
```

코드를 실행해서 얼마만큼의 시간이 소요되는지 확인하자.

```
[not_optimize_code.cpp]
Invocation 1. Result = 102334155. Consuming time = 468.333 microseconds
Invocation 2. Result = 102334155. Consuming time = 471.845 microseconds
Invocation 3. Result = 102334155. Consuming time = 470.331 microseconds
Invocation 4. Result = 102334155. Consuming time = 470.331 microseconds
Invocation 5. Result = 102334155. Consuming time = 472.336 microseconds
Total consuming time = 2357.79 microseconds
```

프로그램 전체 실행 시간은 약 2357.79밀리초다. fib40.Fetch() 함수는 매번 동일한 인수 40으로 fibonacci()를 호출하지만 실행 시간은 평균 470밀리초가 걸린다. 이제 코드에 메모이제이션을 적용해서 어떤 변화가 있는지 보자. 이번에는 fib40의 인스턴스를 생성할 때 Delay 클래스 대신 Memoization 클래스를 사용한다. 그 외의 코드 변경은 없다.

```
/* optimizing_memoization.cpp */
#include <iostream>
#include <functional>
#include <chrono>
```

```cpp
using namespace std;

template<class T> class Memoization
{
  private:
    T const & (*m_subRoutine)(Memoization *);
    mutable T m_recordedFunc;
    function<T()> m_func;

    static T const & ForceSubroutine(Memoization * d)
    {
      return d->DoRecording();
    }

    static T const & FetchSubroutine(Memoization * d)
    {
      return d->FetchRecording();
    }

    T const & FetchRecording()
    {
      return m_recordedFunc;
    }

    T const & DoRecording()
    {
      m_recordedFunc = m_func();
      m_subRoutine = &FetchSubroutine;
      return FetchRecording();
    }

  public:
    Memoization(function<T()> func) : m_func(func),
      m_subRoutine(&ForceSubroutine),
      m_recordedFunc(T())
      {
      }
```

```cpp
  T Fetch()
  {
    return m_subRoutine(this);
  }
};

  // 피보나치 수열을 계산하는 함수
  int fibonacci(int n)
  {
    if (n <= 1)
      return n;
      return fibonacci(n - 1) + fibonacci(n - 2);
  }

auto main() -> int
{
  cout << "[not_optimize_code.cpp]" << endl;

  // 프로그램 시작 시간 기록
  auto start = chrono::high_resolution_clock::now();

  // 피보나치 계산 결과를 저장할 int 변수 초기화
  int fib40Result = 0;

  // fib40 생성
  Memoization<int> fib40([]()
  {
    return fibonacci(40);
  });

  for (int i = 1; i <= 5; ++i)
  {
    cout << "Invocation " << i << ". ";

    // 시작 시간 기록
    auto start = chrono::high_resolution_clock::now();
```

```cpp
    // fib40 인스턴스의 Fetch( ) 함수 호출
    fib40Result = fib40.Fetch( );

    // 종료 시간 기록
    auto finish = chrono::high_resolution_clock::now( );

    // 실행 시간 계산
    chrono::duration<double, milli> elapsed = finish - start;

    // 결과 출력
    cout << "Result = " << fib40Result << ". ";

    // fib40.Fetch( ) 실행 시간 출력
    cout << "Consuming time = " << elapsed.count( );
    cout << " milliseconds" << endl;
}

// 프로그램 종료 시간 기록
auto finish = chrono::high_resolution_clock::now( );

// 프로그램 실행 시간 계산
chrono::duration<double, milli> elapsed = finish - start;

// 프로그램 실행 시간 출력
cout << "Total consuming time = ";
cout << elapsed.count( ) << " milliseconds" << endl;

return 0;
}
```

코드 실행 결과는 다음과 같다.

```
Command Prompt                                          —    □    ×

[optimizing_memoization.cpp]
Invocation 1. Result = 102334155. Consuming time = 491.332 milliseconds
Invocation 2. Result = 102334155. Consuming time = 0 milliseconds
Invocation 3. Result = 102334155. Consuming time = 0 milliseconds
Invocation 4. Result = 102334155. Consuming time = 0 milliseconds
Invocation 5. Result = 102334155. Consuming time = 0 milliseconds
Total consuming time = 494.681 milliseconds
```

놀랍게도 optimizing_memoization.cpp 코드의 전체 실행 시간은 494.681밀리초다. not_optimize_code.cpp와 비교하면 약 4.7배 이상 빠르다. 이렇게 속도가 빨라진 이유는 처음 fibonacci( ) 함수가 실행됐을 때 결과를 캐시했기 때문이다. 이후에는 fib40. Fetch( )가 동일한 인수로 fibonacci( )를 다시 호출할 때 단순히 캐시된 결과를 반환하므로 불필요하고 값비싼 함수 호출 비용을 피할 수 있다.

▌ 지연 평가 코드 만들기

지금까지는 지연 평가의 기본 개념을 살펴봤는데 이번에는 지연 방식의 코드를 만들면서 한 발짝 더 들어가본다. 먼저 즉시 평가 방식으로 코드를 만든 뒤, 이 코드를 수정해서 지연 평가를 적용해 볼 것이다. 프로그램의 기능은 소수prime number를 출력하는 것이다. 먼저 for 루프로 정수를 반복해 가면서 소수를 구하는 즉시 평가 방식의 코드를 보자.

```cpp
/* prime.cpp */
#include <iostream>
#include <cmath>

using namespace std;

bool PrimeCheck(int i)
{
    // 2를 제외한 모든 짝수는 소수가 아니다
```

```cpp
    if ((i % 2) == 0)
    {
      return i == 2;
    }

    // i의 제곱근을 구한다
    int sqr = sqrt(i);

    // 9보다 작은 수 중, 소수는 홀수이며,
    // 9이상의 수 중 소수는 제곱수를 제외한 홀수다
    for (int t = 3; t <= sqr; t += 2)
    {
      if (i % t == 0)
      {
        return false;
      }
    }

    // 1은 소수가 아니다
    return i != 1;
}

auto main() -> int
{
  cout << "[delaying.cpp]" << endl;

  // 카운트 변수 초기화
  int n = 0;

  // 100개의 소수 출력
  cout << "List of the first 100 prime numbers:" << endl;
  for (int i = 0; ; ++i)
  {
    if (PrimeCheck(i))
    {
      cout << i << "\t";
```

```
        if (++n == 100)
            return 0;
    }
  }

  return 0;
}
```

이 코드에서는 PrimeCheck( ) 함수가 인수 i의 소수 여부를 확인하는데, for 루프를 사용해서 정수를 무한정 반복하다가 100개의 소수를 구하면 루프가 중단된다. 실행 결과를 보자.

```
[prime.cpp]
List of the first 100 prime numbers:
2       3       5       7       11      13      17      19      23      29
31      37      41      43      47      53      59      61      67      71
73      79      83      89      97      101     103     107     109     113
127     131     137     139     149     151     157     163     167     173
179     181     191     193     197     199     211     223     227     229
233     239     241     251     257     263     269     271     277     281
283     293     307     311     313     317     331     337     347     349
353     359     367     373     379     383     389     397     401     409
419     421     431     433     439     443     449     457     461     463
467     479     487     491     499     503     509     521     523     541
```

즉시 평가 방식의 코드로 100개의 소수를 구했다. 이번에는 즉시 평가 대신 지연 평가를 사용하도록 코드를 바꿔보자.

Chunk, Row 클래스 디자인

앞의 prime.cpp 코드에서는 for 루프를 사용해서 행row을 생성했다. 각 행에는 소수가 10개씩 있다. 행과 소수를 추상화해 클래스를 만들 것이다. 행은 Row 클래스로, 소수는 Chunk 클래스로 구현한다. Row 클래스는 소수의 순서도 유지해야 한다. 먼저 Chunk 클래스 구현을 보자.

```
template<class T> class Chunk
{
  private:
    T m_value;
    Row<T> m_lastRow;

  public:
    Chunk( )
    {
    }

    Chunk(T value, Row<T> lastRow) : m_value(value),
      m_lastRow(std::move(lastRow))
    {
    }

    explicit Chunk(T value) : m_value(value)
    {
    }

    T Value( ) const
    {
      return m_value;
    }

    Row<T> ShiftLastToFirst( ) const
    {
      return m_lastRow;
    }
};
```

Chunk 클래스에는 소수값을 나타내는 m_value 이외에도, Row<T> m_lastRow 멤버 변수가 있다. m_lastRow는 현재 Row를 가리키며 다음에 표시할 Chunk를 갖고 있다. m_lastRow 값은 ShiftLastToFirst( ) 함수를 호출해서 얻을 수 있다. 이제 Row 클래스 구현을 살펴보자.

```cpp
template<class T> class Row
{
  private:
    std::shared_ptr <Memoization<Chunk<T>>>
    m_lazyChunk;

  public:
    Row( )
    {
    }

    explicit Row(T value)
    {
      auto chunk = ChunkPreparation<T>(value);
      m_lazyChunk = std::make_shared<Memoization<Chunk<T>>>(chunk);
    }

    Row(T value, Row row)
    {
      auto chunk = ChunkPreparation<T>(value, std::move(row));
      m_lazyChunk = std::make_shared<Memoization<Chunk<T>>>(chunk);
    }

    Row(std::function<Chunk<T>( )> func) : m_lazyChunk(
    std::make_shared<Memoization<Chunk<T>>>(func))
    {
    }

    bool IsEmpty( ) const
    {
      return !m_lazyChunk;
    }

    T Fetch( ) const
    {
      return m_lazyChunk->Fetch( ).Value( );
    }
```

```
    Row<T> ShiftLastToFirst() const
    {
        return m_lazyChunk->Fetch().ShiftLastToFirst();
    }

    Row Pick(int n) const
    {
        if (n == 0 || IsEmpty())
            return Row();

        auto chunk = m_lazyChunk;
        return Row([chunk, n]()
        {
            auto val = chunk->Fetch().Value();
            auto row = chunk->Fetch().ShiftLastToFirst();
            return Chunk<T>(val, row.Pick(n - 1));
        });
    }
};
```

Row 클래스는 Chunk 데이터의 메모이제이션을 저장하는 한 개의 private 멤버 변수만 갖고 있다. 생성자는 4개가 있는데 다음에 살펴볼 코드에서 이 생성자를 사용할 것이다. 또 Fetch() 함수는 m_lazyChunk를 얻기 위한 용도로 사용한다. 그 외에 IsEmpty()는 m_lazyChunk가 비어 있는지 확인하고, ShiftLastToFirst()는 m_lazyChunk의 현재 행을 반환하며, Pick(int n) 함수는 처음 n개의 데이터를 가져온다. 나중에 100개의 소수를 가져올 때 이 함수를 사용한다.

Row 생성자 중 하나는 ChunkPreparation 클래스 생성자를 호출한다. ChunkPreparation 클래스는 인수로 받은 값과 행을 사용해 새로운 Chunk 인스턴스를 생성한다. ChunkPreparation 클래스 구현은 다음과 같다.

```
template<class T> class ChunkPreparation
{
  public:
    T m_value;
    Row<T> m_row;

    ChunkPreparation(T value, Row<T> row) :
      m_value(value),
      m_row(std::move(row))
      {
      }

    explicit ChunkPreparation(T value) :
      m_value(value)
      {
      }

    Chunk<T> operator()()
    {
      return Chunk<T>(
        m_value,
        m_row);
    }
};
```

코드에서 보듯이 연산자 ( )를 호출하면 m_value와 m_row로 새로운 Chunk를 생성한다.

여러 행 연결하기

소수로 이루어진 행을 만들 때 현재 행과 새로 생성된 행을 연결해야 한다. Concatenate
Rows( ) 함수는 이 목적으로 구현됐다.

```
template<class T> Row<T> ConcatenateRows(
  Row<T> leftRow,
```

```
      Row<T> rightRow)
    {
      if (leftRow.IsEmpty())
        return rightRow;

      return Row<T>([=]()
      {
        return Chunk<T>(
          leftRow.Fetch(),
          ConcatenateRows<T>(
            leftRow.ShiftLastToFirst(),
            rightRow));
      });
    }
```

ConcatenateRows()가 하는 일은 꽤 명확하다. leftRow가 비었으면 다음 행인 rightRow를
반환하고, leftRow와 rightRow 모두 가능하면 주어진 행의 Chunk를 반환한다.

각 행의 요소 순회하기

소수로 이뤄진 행을 만든 뒤에는 각 행의 요소를 순회하면서 접근할 수 있어야 콘솔 출력
등의 작업을 할 수 있다. ForEach() 함수는 이 목적으로 만들었다.

```
template<class T, class U> void ForEach(Row<T> row, U func)
{
  while (!row.IsEmpty())
  {
    func(row.Fetch());
    row = row.ShiftLastToFirst();
  }
}
```

ForEach( ) 함수는 Row 인스턴스와 함수를 매개변수로 가지며, Row 인스턴스의 각 요소를 대상으로 함수를 실행한다.

 5장의 예제 코드를 쉽게 볼 수 있도록 lazyevaluation.h 파일 하나에 템플릿 클래스를 모두 작성했다. 이 파일에 Memoization, Row, Chunk, ChunkPreparation, ConcatenateRows, 그리고 ForEach 템플릿 클래스와 함수가 포함돼있다. 코드를 직접 타이핑해도 되지만 https://github.com/surinkim/learning_cpp_functional_programming_kor에서 다운로드할 수 있다.

무한 정수 행 만들기

이제 무한 정수 행을 생성해보자. GenerateInfiniteIntRow( ) 함수는 여러 개의 Chunk 데이터로 새로운 행을 만든다. 함수 구현을 살펴보자.

```
Row<int> GenerateInfiniteIntRow(int initialNumber)
{
  return Row<int>([initialNumber]()
  {
    return Chunk<int>(
      initialNumber,
      GenerateInfinityIntRow(
      initialNumber + 1));
  });
}
```

GenerateInfiniteIntRow( )는 재귀 함수다. 이 코드는 initialNumber를 시작으로 무한정 Chunk를 생성하는데, 이 chunk는 마지막에 Row 타입으로 변환된다. 이 재귀 함수를 멈추려면 Row 클래스의 멤버 함수 Pick( )을 호출한다.

무한 소수 행 만들기

GenerateInfiniteIntRow( )는 무한대의 정수를 만드는데, 우리가 필요한 건 소수다. 따라서 소수만 생성되도록 제약을 걸어야 한다. 이렇게 하기 위해 prime.cpp의 CheckPrime( ) 함수를 가져와서 약간 수정할 것이다. 수정할 곳은 함수의 반환 값인데 소수라면 Row<void*>(nullptr)를, 소수가 아니면 Row<void*>( )를 반환하도록 한다. 함수 구현은 다음과 같다.

```
Row<void*> PrimeCheck(int i)
{
  if ((i % 2) == 0)
  {
    if (i == 2)
      return Row<void*>(nullptr);
    else
      return Row<void*>();
  }

  int sqr = sqrt(i);

  for (int t = 3; t <= sqr; t = t + 2)
  {
    if (i % t == 0)
    {
      return Row<void*>();
    }
  }

  if (i == 1)
    return Row<void*>();
  else
    return Row<void*>(nullptr);
}
```

반환 값을 수정한 이유는 JoiningPrimeNumber() 함수에 인수로 전달하기 위해서다.
JoiningPrimeNumber()는 생성된 Chunk를 연결한다.

```
template<class T, class U>
auto JoiningPrimeNumber(
  Row<T> row, U func) -> decltype(func())
  {
    return JoiningAllRows(
      MappingRowByValue(row, func));
  }
```

MappingRowByValue()는 매개변수로 row와 func를 받아서 row를 func에 매핑한다.

```
template<class T, class U>
auto MappingRowByValue(
  Row<T> row, U func) -> Row<decltype(func())>
{
  using V = decltype(func());

  if (row.IsEmpty())
    return Row<V>();

  return Row<V>([row, func]()
  {
    return Chunk<V>(
      func(),
      MappingRowByValue(
        row.ShiftLastToFirst(),
        func));
  });
}
```

JoiningPrimeNumber()로 모든 소수를 연결한 뒤에는 Binding() 함수로 현재 행에 묶
는다.

```
template<class T, class U> Row<T>
Binding(Row<T> row, U func)
{
  return JoiningAllRows(MappingRow(row, func));
}
```

MappingRow()가 매개변수 row를 func에 매핑하면 JoiningAllRows()가 MappingRow() 반환 값에서 모든 행을 연결한다. MappingRow()와 JoiningAllRows()의 구현은 다음과 같다.

```
template<class T, class U>
auto MappingRow(
  Row<T> row, U func) -> Row<decltype(
    func(row.Fetch()))>
  {
    using V = decltype(func(row.Fetch()));

    if (row.IsEmpty())
      return Row<V>();

    return Row<V>([row, func]()
    {
      return Chunk<V>(func(
        row.Fetch()),
        MappingRow(
          row.ShiftLastToFirst(),
          func));
    });
}

template<class T> Row<T>
JoiningAllRows(
  Row<Row<T>> rowOfRows)
{
  while (!rowOfRows.IsEmpty() &&
```

```
    rowOfRows.Fetch().IsEmpty())
  {
    rowOfRows = rowOfRows.ShiftLastToFirst();
  }

if (rowOfRows.IsEmpty())
  return Row<T>();

return Row<T>([rowOfRows]()
{
  Row<T> row = rowOfRows.Fetch();

  return Chunk<T>(
    row.Fetch(),
    ConcatenateRows(
      row.ShiftLastToFirst(),
      JoiningAllRows(
      rowOfRows.ShiftLastToFirst())));
  });
}
```

이제 다음처럼 소수만 만들어내는 함수를 만든다.

```
Row<int> GenerateInfinitePrimeRow()
{
  return Binding(
    GenerateInfiniteIntRow(1),
    [](int i)
    {
      return JoiningPrimeNumber(
        PrimeCheck(i),
        [i]()
        {
          return ConvertChunkToRow(i);
        });
    });
}
```

JoiningPrimeNumber( )는 첫 번째 인수로 Row 타입이 필요하므로 ConvertChunkToRow( ) 를 사용해서 Chunk를 Row로 변환해야 한다.

```cpp
template<class T> Row<T>
ConvertChunkToRow(
  T value)
  {
    return Row<T>([value]()
    {
      return Chunk<T>(value);
    });
  }
```

지금까지 작성한 클래스와 함수를 사용해서 prime.cpp 코드를 개선해보자.

즉시 평가를 지연 평가로 변환하기

prime.cpp를 지연 평가 방식으로 바꾸기 위해 필요한 모든 코드를 준비했다. prime_lazy.cpp 파일을 새로 만들어서 처음에 무한으로 정수를 생성하고 그 중 100개의 소수를 구한다. 그 다음 100개의 요소를 순회하면서 그 값을 콘솔에 출력한다. 코드는 다음과 같다.

```cpp
/* prime_lazy.cpp */
#include <iostream>
#include <cmath>
#include "../lazyevaluation/lazyevaluation.h"

using namespace std;

Row<void*> PrimeCheck(int i)
{
  //앞에서 설명한 구현 참고
}
```

```
Row<int> GenerateInfiniteIntRow(
  int initialNumber)
{
  //앞에서 설명한 구현 참고
}

template<class T, class U>
auto MappingRow(
  Row<T> row, U func) -> Row<decltype(
    func(row.Fetch()))>
  {
    //앞에서 설명한 구현 참고
  }

template<class T, class U>
auto MappingRowByValue(
  Row<T> row, U func) -> Row<decltype(func())>
  {
    //앞에서 설명한 구현 참고
  }

template<class T> Row<T>
ConvertChunkToRow(
  T value)
{
  //앞에서 설명한 구현 참고
}

template<class T> Row<T>
JoiningAllRows(
  Row<Row<T>> rowOfRows)
{
  //앞에서 설명한 구현 참고
}

template<class T, class U> Row<T>
```

```
Binding(
  Row<T> row, U func)
{
  //앞에서 설명한 구현 참고
}

template<class T, class U>
auto JoiningPrimeNumber(
  Row<T> row, U func) -> decltype(func())
{
  //앞에서 설명한 구현 참고
}

Row<int> GenerateInfinitePrimeRow()
{
  //앞에서 설명한 구현 참고
}

auto main() -> int
{
  cout << "[prime_lazy.cpp]" << endl;

  // 무한 소수 리스트를 생성한다
  Row<int> r = GenerateInfinitePrimeRow();

  // 무한 소수 리스트에서 처음 100개의 요소를 가져온다
  Row<int> firstAHundredPrimeNumbers = r.Pick(100);

  // 100개의 소수를 출력한다
  cout << "List of the first 100 prime numbers:" << endl;
  ForEach(
    move(firstAHundredPrimeNumbers),
    [](int const & i)
    {
      cout << i << "\t";
    });
```

```
    return 0;
  }
```

코드에서 r은 무한 소수 리스트를 갖는다. 여기서 100개의 소수를 구해서 firstAHundred
PrimeNumbers에 저장한다. 콘솔에 값을 출력하기 위해 ForEach( )와 람다 표현식을 사용
한다. 코드 실행 결과는 파일 이름을 제외하고 prime.cpp와 정확하게 같다. Prime_lazy.
cpp 코드를 출력하면 다음 그림과 같다.

```
Command Prompt                                                    —    □    ×
[prime_lazy.cpp]
List of the first 100 prime numbers:
2       3       5       7       11      13      17      19      23      29
31      37      41      43      47      53      59      61      67      71
73      79      83      89      97      101     103     107     109     113
127     131     137     139     149     151     157     163     167     173
179     181     191     193     197     199     211     223     227     229
233     239     241     251     257     263     269     271     277     281
283     293     307     311     313     317     331     337     347     349
353     359     367     373     379     383     389     397     401     409
419     421     431     433     439     443     449     457     461     463
467     479     487     491     499     503     509     521     523     541
```

지금까지 템플릿 클래스를 활용해 지연 코드를 작성해봤다.

 prime_lazy.cpp 코드에서는 중복을 피하고 책의 분량을 줄이기 위해 앞에서 이미 다룬 일
부 코드는 생략했다. 완전한 형태의 전체 코드는 https://github.com/surinkim/learning_
cpp_functional_programming_kor에서 볼 수 있다.

▍ 요약

지연 평가는 함수형 프로그래밍에서만 유용한 것이 아니라 명령형 프로그래밍에서도 효과적이다. 지연 평가를 사용해서 캐싱과 최적화를 적용하면 더 빠르고 효율적인 코드를 만들 수 있다.

6장에서는 함수형 코드에 사용할 수 있는 메타프로그래밍을 다룬다. 코드 최적화를 비롯한 메타프로그래밍의 장점을 어떻게 활용할 수 있는지 알아보자.

06

메타프로그래밍으로
코드 최적화

5장에서는 지연 평가를 이용한 최적화 방법을 알아봤다. 처리 흐름 지연, 캐싱, 메모이제이션 기술로 더 빠른 코드를 만들었다. 6장에서는 컴파일 타임에 코드를 생성하는 메타프로그래밍을 활용한 코드 최적화를 배운다. 6장에서는 다음 주제를 다룬다.

- 메타프로그래밍 소개
- 템플릿 메타프로그래밍
- 템플릿 메타프로그래밍으로 코드 흐름 바꾸기
- 컴파일 타임에 코드 실행
- 템플릿 메타프로그래밍의 장점과 단점

▌ 메타프로그래밍 소개

메타프로그래밍을 간단하게 설명하면 '코드를 사용해서 코드를 생성하는 기술'이라고 할 수 있다. 다른 프로그램을 제어하거나 데이터로 다룰 때 메타프로그래밍을 자주 활용한다. 특히 C++ 템플릿 메타프로그래밍은 **튜링 완전**^{Turing-complete}하다고 말한다. 여기서 튜링 완전의 의미는 "튜링 기계로 풀 수 있는 문제를 어떤 프로그래밍 언어나 추상 기계로 풀 수 있다."는 뜻이다. 따라서 C++ 템플릿 메타프로그래밍이 튜링 완전하다는 말은, 프로그램으로 표현할 수 있는 모든 계산은 컴파일 시간에 템플릿 메타프로그래밍으로도 계산할 수 있다는 의미다. 이외에 메타프로그래밍은 재귀를 많이 사용하며 불변 변수를 사용한다.

매크로를 사용한 코드 전처리

메타프로그래밍에 대한 이야기를 시작하기 위해 잠시 ANSI C 언어가 인기 있던 시대로 돌아가보자. 우리는 단순히 매크로^{macro}를 만드는 것으로 C 전처리기^{preprocessor}를 사용한다. 특히 매개변수가 있는 C 매크로는 **메타함수**^{metafunction}라고도 부르며 메타프로그밍의 한 예다.

```
#define MAX(a,b) (((a) > (b)) ? (a) : (b))
```

C++ 언어는 C와 호환성이 있으므로 이 매크로는 C++ 컴파일러로 컴파일할 수 있다. 매크로를 사용하는 코드를 만들어보자.

```
/* macro.cpp */
#include <iostream>

using namespace std;

// 매크로 정의
#define MAX(a,b) (((a) > (b)) ? (a) : (b))
```

```
auto main( ) -> int
{
  cout << "[macro.cpp]" << endl;

  // 두 개의 int 변수 초기화
  int x = 10;
  int y = 20;

  // 매크로 MAX를 사용하고 그 결과를 z에 대입
  int z = MAX(x, y);

  // 결과 출력
  cout << "Max number of " << x << " and " << y;
  cout << " is " << z << endl;

  return 0;
}
```

MAX 매크로는 매개변수를 필요로 하므로 두 개의 인수를 전달했다. 실행 결과는 다음과
같다.

메타프로그래밍은 컴파일 타임에 실행된다고 했다. 전처리기는 이 코드에서 MAX 매크로를
파싱하여 새로운 코드를 만든다. 즉 컴파일 시에 코드는 다음처럼 수정된다.

```
auto main( ) -> int
{
  // 앞의 예제와 동일
  // ...
  int z = (((a) > (b)) ? (a) : (b)); // <-- 여기를 주목하자.

  // 앞의 예제와 동일
```

```cpp
    // ...

    return 0;
}
```

MAX는 한 줄짜리 매크로였지만, 여러 줄로 된 매크로를 만들 수도 있다. 여러 줄의 매크로 함수를 만들려면 각 줄의 끝에 백슬래시(\)를 입력한다. 이번에는 두 값을 교환하는 SWAP 매크로를 정의하고 이 매크로를 사용하는 코드를 만들어보자.

```cpp
/* macroswap.cpp */
#include <iostream>

using namespace std;

// 여러 줄로 이루어진 SWAP 매크로 정의
#define SWAP(a,b) { \
  (a) ^= (b); \
  (b) ^= (a); \
  (a) ^= (b); \
}

auto main( ) -> int
{
    cout << "[macroswap.cpp]" << endl;

    // 두 개의 int 변수 초기화
    int x = 10;
    int y = 20;

    // 교환 전 변수 값 출력
    cout << "before swapping" << endl;
    cout << "x = " << x << ", y = " << y;
    cout << endl << endl;

    // SWAP 매크로 사용
    SWAP(x, y);
```

```
    // 교환 후 변수 값 출력
    cout << "after swapping" << endl;
    cout << "x = " << x << ", y = " << y;
    cout << endl;

    return 0;
}
```

여러 줄로 된 매크로를 만들 때는 각 줄 끝에 백슬래시(\)를 입력해야 한다는 점을 기억하자. 코드에서 SWAP을 호출하면 매크로의 구현 코드로 SWAP이 대체된다. 코드 실행 결과는 다음과 같다.

```
[macroswap.cpp]
before swapping
x = 10, y = 20

after swapping
x = 20, y = 10
```

지금까지는 매크로를 사용해서 메타프로그래밍의 기본 개념을 알아봤다. 계속해서 다음 주제를 살펴보자.

앞의 코드에서 매크로를 정의할 때 모든 변수를 괄호로 감쌌다. 그 이유는 매크로를 사용한 코드가 실제 구현 코드로 대체되면서 발생할 수 있는 문제를 피하기 위해서다. 다음과 같은 매크로가 있다고 하자.

MULTIPLY(a, b) (a * b)

숫자만 인수로 넘긴다면 문제가 없다. 하지만 계산식(operation)을 전달하면 문제가 발생하는데 예를 들어 MUTIPLY 매크로를 다음처럼 사용하면,

MULTIPLY(x + 2, y + 5);

컴파일러는 단순히 a를 x + 2로, b를 y + 5로 대체해서 코드를 (x + 2 * y + 5)로 바꾼다. 연산자 우선 순위에서 *는 +보다 우선하므로, (x + 2y + 5)의 계산 결과를 반환한다. 따라서 예상과 다르게 동작한다. 이러한 오류를 방지하기 위해 매크로 작성 시에는 모든 매개변수를 괄호로 묶어주는 방법이 좋다.

표준 라이브러리의 템플릿 메타프로그래밍 자세히 보기

표준 라이브러리는 1장과 5장에서 다뤘다. C++가 제공하는 표준 라이브러리는 대부분 불완전한 형태의 함수 템플릿인데 이를 활용해서 완전한 형태의 함수를 만든다. 템플릿 메타프로그래밍은 컴파일 타임에 C++ 타입과 코드를 생성한다.

표준 라이브러리 클래스 중 Array를 살펴보자. C 스타일의 배열 대신에 Array 클래스를 사용해서 필요한 데이터 타입의 배열을 정의할 수 있다. Array의 인스턴스를 생성하면 컴파일러는 템플릿 매개변수의 데이터 타입으로 배열 코드를 생성한다. Array 템플릿 구현이 단순하게 다음과 같다고 가정해보자.

```
template<typename T>
class Array
{
  T element;
};
```

이 클래스를 사용해서 다음처럼 char와 int 배열의 인스턴스를 생성할 수 있다.

```
Array<char> arrChar;
Array<int> arrInt;
```

그러면 컴파일러는 템플릿 매개변수 char, int를 기반으로 두 개의 템플릿 구현을 생성한다. 비록 실제 코드를 볼 수는 없지만, 컴파일러가 생성하는 코드는 다음과 유사하다.

```
class ArrayChar
{
  char element;
};

class ArrayInt
```

```
  {
    int element;
  };

  ArrayChar arrChar;
  ArrayInt arrInt;
```

이처럼 템플릿 메타프로그래밍은 컴파일 타임에 생성되는 또 다른 코드다.

▌ 템플릿 메타프로그래밍

템플릿 메타프로그래밍에 관해 더 알아보기 전에 기본 뼈대는 어떻게 이뤄지는지 짚어보자. 템플릿 메타프로그래밍을 구성하는 데는 4개의 기본 요소인 타입^{type}, 값$_{value}$, 조건, 그리고 재귀가 있다. 이번 단원에서는 이 요소를 살펴본다.

템플릿 메타프로그래밍에서 타입 다루기

앞에서 매크로 전처리기를 다루면서 메타함수에 관해 알아봤다. 매크로는 소스 코드를 교체하지만, 매개변수가 호환되는 타입인지 확인할 수 있는 방법은 없다. 반면에 템플릿은 타입 확인이 가능하다. 즉 C++ 타입 시스템에 통합돼있다. 따라서 템플릿 메타프로그래밍을 사용하는 더 좋은 방법은 필요한 타입의 매개변수에 대해서만 동작하도록 코드를 작성하는 것이다.

템플릿 메타프로그래밍은 가변 변수가 없다. 즉 초기화된 변수의 값을 바꿀 수 없다. 이렇다 보니 변수에서 필요한 건 접근할 수 있는 이름이다. 여기서는 typedef으로 정의한 이름을 주로 사용한다.

```
struct ValueDataType
{
  typedef int valueDataType;
};
```

여기서는 int 타입을 valueDataType 별칭으로 명명했기 때문에 valueDataType 변수를 사용해서 데이터 타입에 접근할 수 있다.

한편 앞으로의 예제 코드에서 보게 되겠지만 변수에 데이터 타입 대신, 값을 저장해야 하는 경우도 있다. 이때는 enum을 이용해서 enum의 데이터 멤버를 사용할 수 있다.[1]

```
struct ValuePlaceHolder
{
  enum
  {
    value = 1
  };
};
```

이렇게 하면 value 변수를 통해 값을 얻을 수 있다.

템플릿 메타프로그래밍에서 값 처리

템플릿 메타프로그래밍에 변수를 추가할 수 있다. 이번에는 입력 매개변수를 받고 필요한 계산을 처리해본다. 두 수를 곱하는 Multiplexer를 템플릿 메타프로그래밍을 사용해서 만들어야 한다고 하자. 구현된 코드는 다음과 같다.

---

1 보통 'enum hack'이라고 부르는데, int를 쓸 수 있는 곳은 enum 타입의 값도 쓸 수 있다는 사실을 이용한 기법이다. – 옮긴이

```
template<int A, int B>
struct Multiplexer
{
  enum
  {
    result = A * B
  };
};
```

이 템플릿은 두 개의 템플릿 매개변수인 A, B를 사용자로부터 입력받고 두 수를 곱한 뒤 result에 저장한다. 이제 다음처럼 Multiplexer를 사용할 수 있다.

```
int i = Multiplexer<2, 3>::result;
```

코드를 실행하면 변수 i에는 2와 3을 곱한 결과값 6이 저장된다.

템플릿 메타프로그래밍에서 조건 처리

동일한 템플릿이 여러 개 있을 때는 조건에 따라 적절한 템플릿이 선택되도록 해야 한다. 다음은 타입이 동일한지 검사하는 템플릿 코드인데 부분 특수화를 이용해 조건 처리를 한다.

```
template<typename A, typename B>
struct CheckingType
{
  enum
  {
    result = 0
  };
};
```

```
template<typename X>
struct CheckingType<X, X>
{
  enum
  {
    result = 1
  };
};
```

이 코드에는 각각 A/B와 X 타입을 사용하는 두 개의 템플릿이 있다. typename X처럼 템플릿 매개변수가 1개의 타입만 사용하면서 CheckingType <X, X>와 같이 쓰면 결국 동일한 타입을 비교하는 것이다. 그렇지 않은 경우는 서로 다른 타입이다. 다음 코드는 이 두 개의 템플릿을 사용하는 예시다.

```
if (CheckingType<UnknownType, int>::result)
{
  // UnknownType이 int 타입이면 여기가 실행된다.
}
else
{
  // UnknownType이 int 타입이 아니면 여기가 실행된다
}
```

이 코드에서는 UnknownType과 int 타입을 비교한다. UnknownType은 다른 프로세스에서 넘어올 수 있다. 이렇게 템플릿을 활용해 두 타입을 비교해서 다음 작업을 결정할 수 있다.

 여기까지 공부하고, 어떻게 템플릿 메타프로그래밍이 코드 최적화에 유용하다는 것인지 궁금할 것이다. 곧 이 점에 대해서 알아본다. 하지만 그 전에 템플릿 메타프로그래밍에 대한 지식을 견고히 다지기 위해 다른 내용도 더 짚어볼 필요가 있다. 달콤한 열매를 위해 조금 더 인내하고 계속 읽어나가자.

230

템플릿 메타프로그래밍에서 재귀 처리

템플릿에 데이터 타입과 값을 추가하고 현재 조건을 기반으로 다음 작업을 결정하는 방법도 살펴봤다. 이번에 배울 내용은 템플릿으로 작업을 반복하는 방법이다. 템플릿의 변수는 불변성을 갖고 있기 때문에 루프처럼 카운터를 변경해 가면서 반복할 수 없다. 대신 '4장 재귀 함수 호출'에서 다룬 것처럼 재귀를 써야 한다. 팩토리얼 값을 템플릿을 사용해서 계산한다고 하자. 먼저 해야 할 것은 다음처럼 함수에 I 값을 전달하는 기본 템플릿을 만드는 것이다.

```
template <int I>
struct Factorial
{
  enum
  {
    value = I * Factorial<I - 1>::value
  };
};
```

이제 다음처럼 템플릿을 사용해서 팩토리얼 값을 구할 수 있다.

```
Factorial<I>::value;
```

여기서 I는 정수 값이다. 다음으로 해야 할 일은 템플릿이 무한 루프에 빠지지 않도록 하는 것인데, 다음처럼 템플릿 매개변수를 0으로 해 템플릿을 특수화하면 된다.

```
template <>
struct Factorial<0>
{
  enum
  {
    value = 1
```

```
    };
  };
```

이로써 컴파일 타임에 팩토리얼 값을 계산하는 템플릿 한 쌍을 만들었다.

```
int main()
{
  int fact10 = Factorial<10>::value;
}
```

코드를 실행하면 10의 팩토리얼 값인 3628800을 얻을 수 있다.

▌ 컴파일 타임에 타입 선택하기

타입은 템플릿의 기본 요소다. 사용자의 입력을 기반으로 특정 타입을 선택할 수 있다. 이 번에는 어떤 type을 사용해야 하는지 결정하는 템플릿을 만들어 본다. 다음 types.cpp 코드를 보자.

```
/* types.cpp */
#include <iostream>

using namespace std;

// 템플릿에 데이터 타입 정의
template<typename T>
struct datatype
{
  using type = T;
};

auto main() -> int
```

```
{
  cout << "[types.cpp]" << endl;

  // 컴파일 타임에 데이터 타입을 선택한다
  using t = typename datatype<int>::type;

  // 선택한 데이터 타입을 사용한다
  t myVar = 123;

  // 선택한 데이터 타입을 출력한다
  cout << "myVar = " << myVar;

  return 0;
}
```

이 코드에는 datatype이라는 템플릿이 있다. 이 템플릿은 템플릿 매개변수로 전달된 타입을 선택하는 데 사용된다. using 키워드로 type에 변수를 대입한다. main( ) 함수에서 datatype 템플릿의 type을 t에 대입한다. 템플릿에 int를 전달했기 때문에 t 변수는 이제 int 타입이다.

조건에 따라 데이터 타입을 선택하는 템플릿 코드를 만들 수도 있다. 다음의 IfElseData Type 템플릿은 세 개의 템플릿 매개변수를 가진다. 첫 번째는 bool 타입의 predicate, 두 번째는 predicate가 true일 때의 데이터 타입, 세 번째는 predicate가 false일 때의 데이터 타입이다. 코드를 살펴보자.

```
/* selectingtype.cpp */
#include <iostream>

using namespace std;

// IfElseDataType 기본 템플릿 정의
template<
  bool predicate,
```

```cpp
    typename TrueType,
    typename FalseType>
  struct IfElseDataType
  {
  };

// predicate가 true일 때의 부분 특수화
template<
  typename TrueType,
  typename FalseType>
  struct IfElseDataType<
    true,
    TrueType,
    FalseType>
  {
    typedef TrueType type;
  };

// predicate가 false일 때의 부분 특수화
template<
  typename TrueType,
  typename FalseType>
  struct IfElseDataType<
  false,
  TrueType,
  FalseType>
  {
    typedef FalseType type;
  };

auto main( ) -> int
{
  cout << "[types.cpp]" << endl;

  // SHRT_MAX는 32767로 define 되어 있기 때문에
  // 'SHRT_MAX == 2147483647' 표현식은 false다
  // 따라서 IfElseDataType 템플릿에 의해 myVar는 int 타입이 된다
  IfElseDataType<
```

```
    SHRT_MAX == 2147483647,
    short,
    int>::type myVar;

// myVar에 int 타입의 최대값 2147483647을 대입한다
myVar = 2147483647;

// myVar의 데이터 타입을 출력한다
cout << "myVar has type ";
cout << typeid(myVar).name() << endl;

return 0;
}
```

IfElseDataType 템플릿을 사용하면 조건식에 따라 정확한 데이터 타입을 선택할 수 있다. 만약 2147483647이란 값이 short 타입에 저장 가능한지 확인할 때 저장 가능하다면 myVar는 short 타입이 될 것이고, 그렇지 않으면 int 타입이 될 것이다. short의 최대값은 32767이기 때문에 'SHRT_MAX == 2147483647'의 결과는 false다. 따라서 myVar는 int 타입이 된다. 실행 결과를 확인하자.

▌ 템플릿 메타프로그래밍으로 흐름 제어

코드의 흐름flow은 프로그램 개발에서 중요한 요소다. 많은 프로그래밍 언어는 if-else, switch, do-while 루프처럼 코드 흐름을 제어하기 위한 명령을 갖고 있다. 이번에는 보통의 코드 흐름을 템플릿 기반 흐름으로 바꿔본다. 먼저 if-else 구문을 바꿔보고 다음으로 switch 구문을, 마지막으로 do-while 루프를 템플릿으로 바꾼다.

조건에 따라 다음 작업 결정

특정 조건에 따라 두 개의 함수 중 하나를 선택해야 한다고 하자. 보통은 if-else 구문을 사용해서 다음처럼 처리한다.

```cpp
/* condition.cpp */
#include <iostream>

using namespace std;

// 조건식이 TRUE일 때 실행되는 함수
void TrueStatement()
{
  cout << "True Statement is run." << endl;
}

// 조건식이 FALSE일 때 실행되는 함수
void FalseStatement()
{
  cout << "False Statement is run." << endl;
}

auto main() -> int
{
  cout << "[condition.cpp]" << endl;

  // 조건식 결과에 따라
  // 다음에 실행할 함수를 선택
  if (2 + 3 == 5)
    TrueStatement();
  else
    FalseStatement();

  return 0;
}
```

여기에는 TrueStatement( )와 FalseStatement( )라는 두 개의 함수가 있고 조건식으로 '2 + 3 == 5'가 있다. 조건식 결과가 True이므로 다음처럼 TrueStatement( ) 함수가 실행된다.

이제 condition.cpp를 템플릿을 사용해서 수정한다. 3개의 템플릿을 만드는데, 우선 조건식을 입력 받는 기본 템플릿이다.

```
template<bool predicate> class IfElse
```

다음으로 조건식 결과에 따른 두 개의 템플릿 특수화를 정의한다.

```
template<> class IfElse<true>
template<> class IfElse<false>
```

각 템플릿 특수화는 앞에서 만들었던 TrueStatement( )와 FalseStatement( ) 함수를 호출한다. 다음에서 전체 코드를 볼 수 있다.

```
/* conditionmeta.cpp */
#include <iostream>

using namespace std;

// 조건식이 TRUE일 때 실행되는 함수
void TrueStatement( )
{
  cout << "True Statement is run." << endl;
}
```

```cpp
// 조건식이 FALSE일 때 실행되는 함수
void FalseStatement()
{
  cout << "False Statement is run." << endl;
}

// IfElse 기본 템플릿 정의
template<bool predicate>
class IfElse
{
};

// predicate 매개변수가 true일 때의
// 템플릿 특수화
template<>
class IfElse<true>
{
  public:
    static inline void func()
    {
      TrueStatement();
    }
};

// predicate 매개변수가 false일 때의
// 템플릿 특수화
template<>
class IfElse<false>
{
  public:
    static inline void func()
    {
      FalseStatement();
    }
};
```

```cpp
auto main() -> int
{
  cout << "[conditionmeta.cpp]" << endl;

  // IfElse 템플릿 사용
  IfElse<(2 + 3 == 5)>::func();

  return 0;
}
```

코드에서 굵게 강조된 곳을 보면 IfElse 템플릿 꺾쇠 괄호^{angle bracket}에 조건식이 들어가 있고 템플릿 내부의 func() 함수를 호출한다. conditionmeta.cpp의 실행 결과는 condition.cpp 코드 실행 결과가 동일하다.

템플릿 메타프로그래밍에서 if-else 방식으로 코드 흐름을 제어할 때는 이와 같은 방법을 사용한다.

구문 선택

C++를 비롯한 프로그래밍 언어에서 switch 구문은 전달된 값에 따라 필요한 작업을 선택할 때 사용한다. 만약 전달된 값이 여러 case 구문 중 하나와 일치하면 해당 case 구문에 정의된 작업을 실행한다. switch 구문을 사용하는 다음 코드를 보자.

```cpp
/* switch.cpp */
#include <iostream>

using namespace std;
```

```cpp
// int 매개변수의 제곱값을 계산하는 함수
int Square(int a)
{
  return a * a;
}

auto main() -> int
{
  cout << "[switch.cpp]" << endl;

  // 2개의 int 변수를 초기화
  int input = 2;
  int output = 0;

  // input 값에 따라 Square() 함수 호출
  switch (input)
  {
    case 1:
      output = Square(1);
      break;
    case 2:
      output = Square(2);
      break;
    default:
      output = Square(0);
      break;
  }

  // 결과 출력
  cout << "The result is " << output << endl;

  return 0;
}
```

Square() 함수는 int 타입의 매개변수를 가진다. 이 매개변수의 값은 switch 구문에 전달된 값에 따라 정해진다. 코드에서 switch에 전달된 값은 2이므로 Square(2)가 실행되며 결과는 다음과 같다.

```
[switch.cpp]
The result is 4
```

템플릿 메타프로그래밍을 써서 switch.cpp 코드를 바꾸려면 실행할 함수로 구성된 템플릿 3개를 만들어야 한다. 먼저 사용자로부터 값을 입력받는 기본 템플릿을 만든다.

```
template<int val> class SwitchTemplate
```

다음으로 처리하려는 값에 따라 두 개의 템플릿 특수화를 만든다.

```
template<> class SwitchTemplate<1>
template<> class SwitchTemplate<2>
```

이들 3개의 템플릿은 템플릿 매개변수에 전달된 값으로 Square( ) 함수를 호출한다. 전체 코드는 다음과 같다.

```
/* switchmeta.cpp */
#include <iostream>

using namespace std;

// int 매개변수의 제곱값을 계산하는 함수
int Square(int a)
{
  return a * a;
}

// 기본 템플릿 정의
```

```cpp
template<int val>
class SwitchTemplate
{
  public:
    static inline int func()
    {
      return Square(0);
    }
};

// val이 1일 때의 템플릿 특수화 정의
template<>
class SwitchTemplate<1>
{
  public:
    static inline int func()
    {
      return Square(1);
    }
};

// val이 2일 때의 템플릿 특수화 정의
template<>
class SwitchTemplate<2>
{
  public:
    static inline int func()
    {
      return Square(2);
    }
};

auto main() -> int
{
  cout << "[switchmeta.cpp]" << endl;

  // const 변수 i 정의
  const int i = 2;
```

```
// SwitchTemplate 템플릿 사용
int output = SwitchTemplate<i>::func();

// 결과 출력
cout << "The result is " << output << endl;

return 0;
}
```

필요한 함수를 실행하기 위해 템플릿 내부의 func()를 호출한다. 전달되는 값은 템플릿 꺾쇠 괄호 사이에 입력한 값이다. 실행 결과를 확인하자.

switchmeta.cpp와 switch.cpp 코드의 실행 결과는 동일하다. switch-case 구문도 이처럼 템플릿 메타프로그래밍을 적용해 만들 수 있다.

루프에 적용하기

do-while 루프는 어떤 작업을 반복할 때 사용한다. 어떤 수가 0이 될 때까지 콘솔에 출력하는 프로그램을 만든다고 하자.

```
/* loop.cpp */
#include <iostream>

using namespace std;

// 매개변수를 출력하는 함수
void PrintNumber(int i)
```

```
{
  cout << i << "\t";
}

auto main( ) -> int
{
  cout << "[loop.cpp]" << endl;

  // int 변수 초기화
  int i = 100;

  // i 변수보다 작고 0 보다 큰 수를 루프를 돌면서 출력한다
  cout << "List of numbers between 100 and 1";
  cout << endl;
  do
  {
    PrintNumber(i);
  } while (--i > 0);
  cout << endl;

  return 0;
}
```

이 코드는 100을 출력하고 숫자를 하나 감소시킨다. 그리고 0이 될 때까지 이 과정을 반복한다. 실행 결과는 다음과 같다.

```
Command Prompt                                              —    □    ×
[loop.cpp]
List of numbers between 100 and 1
100     99      98      97      96      95      94      93      92      91
90      89      88      87      86      85      84      83      82      81
80      79      78      77      76      75      74      73      72      71
70      69      68      67      66      65      64      63      62      61
60      59      58      57      56      55      54      53      52      51
50      49      48      47      46      45      44      43      42      41
40      39      38      37      36      35      34      33      32      31
30      29      28      27      26      25      24      23      22      21
20      19      18      17      16      15      14      13      12      11
10      9       8       7       6       5       4       3       2       1
```

이제 템플릿 메타프로그래밍을 써서 코드를 수정해 보자. do-while 루프를 템플릿 메타프로그래밍으로 바꾸려면 두 개의 템플릿이 필요하다. 먼저 기본 템플릿을 만든다.

```
template<int limit> class DoWhile
```

여기서 limit는 do-while 루프에 전달할 값이다. 이제 무한 루프에 빠지는 걸 방지하기 위해 값이 0이 됐을 때 사용할 템플릿 특수화가 필요하다.

```
template<> class DoWhile<0>
```

이 템플릿은 루프를 빠져 나오기 위한 용도이므로 실제로 처리하는 작업은 없다. 다음 loopmeta.cpp에 전체 코드가 나와있다.

```cpp
/* loopmeta.cpp */
#include <iostream>

using namespace std;

// 매개변수를 출력하는 함수
void PrintNumber(int i)
{
  cout << i << "\t";
}

// limit 매개변수에 전달된 값을 출력하는 기본 템플릿 정의
// limit이 0보다 클 때만 동작한다
template<int limit>
class DoWhile
{
  private:
    enum
    {
```

```cpp
        run = (limit - 1) != 0
    };

  public:
    static inline void func()
    {
      PrintNumber(limit);
      DoWhile<run == true ? (limit - 1) : 0>
        ::func();
    }
};

// limit이 0일 때의 템플릿 특수화 정의
// limit이 0이 되면 아무 처리도 하지 않는다
template<>
class DoWhile<0>
{
  public:
    static inline void func()
    {
    }
};

auto main() -> int
{
  cout << "[loopmeta.cpp]" << endl;

  // int 변수 초기화
  const int i = 100;

  // DoWhile 템플릿으로
  // i 변수보다 작고 0 보다 큰 수를 출력한다
  cout << "List of numbers between 100 and 1";
  cout << endl;
  DoWhile<i>::func();
  cout << endl;
```

```
    return 0;
  }
```

템플릿 내의 func( )를 호출해서 필요한 함수를 실행한다. 코드 실행 결과는 다음과 같다.

```
Command Prompt                                                      —    □    ×
[loopmeta.cpp]
List of numbers between 100 and 1
100      99       98       97       96       95       94       93       92       91
90       89       88       87       86       85       84       83       82       81
80       79       78       77       76       75       74       73       72       71
70       69       68       67       66       65       64       63       62       61
60       59       58       57       56       55       54       53       52       51
50       49       48       47       46       45       44       43       42       41
40       39       38       37       36       35       34       33       32       31
30       29       28       27       26       25       24       23       22       21
20       19       18       17       16       15       14       13       12       11
10       9        8        7        6        5        4        3        2        1
```

루프를 사용한 코드도 이와 같이 템플릿 메타프로그래밍을 적용해 작성할 수 있다.

▌ 컴파일 타임에 코드 실행

이미 설명했지만 템플릿 메타프로그래밍은 컴파일 타임에 새로운 코드를 만드는 방식으로 동작한다. 이번에는 어떻게 컴파일 타임 상수를 얻고 컴파일 타임 클래스를 생성하는지 알아보자.

컴파일 타임 상수 얻기

컴파일 타임 상수를 얻기 위해 피보나치 알고리즘을 템플릿으로 구현한다. 이 템플릿을 사용해 컴파일 타임에 피보나치 수열을 계산한다. 코드를 살펴보자.

```cpp
/* fibonaccimeta.cpp */
#include <iostream>

using namespace std;

// 피보나치 수열을 계산하는
// 기본 템플릿 정의
template <int number>
struct Fibonacci
{
  enum
  {
    value =
      Fibonacci<number - 1>::value +
      Fibonacci<number - 2>::value
  };
};

// number 매개변수가 1일 때의
// 템플릿 특수화 정의
template <>
struct Fibonacci<1>
{
  enum
  {
    value = 1
  };
};

// number 매개변수가 0일 때의
// 템플릿 특수화 정의
template <>
struct Fibonacci<0>
{
  enum
  {
```

```
      value = 0
    };
  };

  auto main() -> int
  {
    cout << "[fibonaccimeta.cpp]" << endl;

    // 컴파일 타임 상수 출력
    cout << "Getting compile-time constant:";
    cout << endl;
    cout << "Fibonacci(25) = ";
    cout << Fibonacci<25>::value;
    cout << endl;

    return 0;
  }
```

이 코드에서 피보나치 템플릿의 value 변수는 런타임이 아니라 컴파일 타임에 구할 수 있는 상수 값이다. 코드를 실행하면 다음과 같은 결과를 볼 수 있다.

결과 값 75025는 컴파일러가 컴파일 타임 상수로 생성한 값이다.

컴파일 타임에 클래스 생성

상수 외에 클래스도 컴파일 타임에 생성할 수 있다. 0부터 X 범위에서 소수를 찾는 프로그램을 만든다고 하자. 다음 isprimemeta.cpp는 템플릿 메타프로그래밍을 사용해 구현한 예다.

```cpp
/* isprimemeta.cpp */
#include <iostream>

using namespace std;

// 전달된 인수가 소수인지 아닌지 판단하는
// IsPrime 기본 템플릿 정의
template <
  int lastNumber,
  int secondLastNumber>
class IsPrime
{
  public:
    enum
    {
      primeNumber = (
        (lastNumber % secondLastNumber) &&
        IsPrime<lastNumber, secondLastNumber - 1>
          ::primeNumber)
    };
};

// IsPrime 템플릿의 두 번째 매개변수가
// 1일 때의 부분 특수화 정의
template <int number>
class IsPrime<number, 1>
{
  public:
    enum
    {
      primeNumber = 1
    };
};

// 전달된 인수가 소수이면 콘솔에 출력하는
// PrimeNumberPrinter 기본 템플릿 정의
```

```cpp
template <int number>
class PrimeNumberPrinter
{
  public:
    PrimeNumberPrinter<number - 1> printer;

  enum
  {
    primeNumber = IsPrime<number, number - 1>
      ::primeNumber
  };

  void func()
  {
    printer.func();

    if (primeNumber)
    {
      cout << number << "\t";
    }
  }
};

// number가 1일 때의
// PrimeNumberPrinter 템플릿 특수화 정의
template<>
class PrimeNumberPrinter<1>
{
  public:
    enum
    {
      primeNumber = 0
    };

    void func()
    {
    }
```

```
    };

    int main()
    {
      cout << "[isprimemeta.cpp]" << endl;

      // 1과 500 사이의 소수 출력
      cout << "Filtering the numbers between 1 and 500 ";
      cout << "for of the prime numbers:" << endl;

      // PrimeNumberPrinter 템플릿 사용
      PrimeNumberPrinter<500> printer;

      // 템플릿의 func() 함수 호출
      printer.func();
      cout << endl;

      return 0;
    }
```

이 코드에는 다른 역할을 가진 두 개의 템플릿이 있다. 먼저 IsPrime은 전달된 수가 소수인지를 확인하고, PrimeNumberPrinter는 소수를 콘솔에 출력한다. 코드가 PrimeNumberPrinter<500> printer 구문과 printer.func() 구문에 이르면 템플릿 매개변수에 전달된 인수에 따라 실제 클래스가 생성되는 템플릿 인스턴스화가 일어난다. 예를 들어 PrimeNumberPrinter는 PrimeNumberPrinter<500>, PrimeNumberPrinter<499> 등을 시작으로 이미 명시적으로 특수화한 PrimeNumberPrinter<1>에 이를 때까지 인스턴스화 과정을 거친다. 마찬가지로 IsPrime도 IsPrime<500, 499>부터 IsPrime<2, 1>에 이르기까지 인스턴스화를 거친다. 이처럼 실제 클래스가 생성되는 인스턴스화 과정은 컴파일 타임에 발생한다. 코드 실행 결과는 다음과 같다.

252

```
Command Prompt                                          —    □    ×

[isprimemeta.cpp]
Filtering the numbers between 1 and 500 for of the prime numbers:
2       3       5       7       11      13      17      19      23      29
31      37      41      43      47      53      59      61      67      71
73      79      83      89      97      101     103     107     109     113
127     131     137     139     149     151     157     163     167     173
179     181     191     193     197     199     211     223     227     229
233     239     241     251     257     263     269     271     277     281
283     293     307     311     313     317     331     337     347     349
353     359     367     373     379     383     389     397     401     409
419     421     431     433     439     443     449     457     461     463
467     479     487     491     499
```

결과를 보면 컴파일 타임에 클래스를 생성하는 방식으로 소수를 정확하게 계산했음을 알
수 있다.

메타프로그래밍의 장점과 단점

메타프로그래밍은 다음과 같은 장점이 있다.

- 템플릿 메타프로그래밍은 불변성이 있어 기존 타입을 수정할 수 없다. 따라서 부
  작용도 없다.
- 메타프로그래밍으로 구현하면 가독성이 더 좋아진다.
- 코드 반복을 줄일 수 있다.
- 컴파일러는 생성된 코드에 인라인^{inline}을 적용하여 성능을 높일 수 있다. 예를 들
  어 std::sort( )는 템플릿이며 비교자^{comparator}로 연산자 ( )를 구현한 함수 객체
  를 받는다. 함수 객체에서 사용한 타입마다 std::sort( )의 실제 구현 코드가 생
  성되는데, 이때 비교자 호출 부분이 인라인될 수 있다.

이에 반해 다음과 같은 단점도 있다.

- 구문이 꽤 복잡해질 수 있다.
- 컴파일 시간에 코드를 실행하기 때문에 컴파일 시간이 더 오래 걸린다.
- 템플릿을 사용한 코드는 디버깅이 어렵다. 컴파일 시에 템플릿에 기반한 코드가 생성되므로 디버거가 런타임에 코드를 찾기가 힘들다.

▌ 요약

메타프로그래밍, 특히 템플릿 메타프로그래밍은 자동으로 코드를 생성하기 때문에 타이핑해야 하는 코드를 줄여준다. 템플릿 메타프로그래밍을 사용하면 컴파일 타임에 코드 실행뿐 아니라 코드 흐름도 조정할 수 있다.

7장에서는 프로그램의 응답성을 향상시킬 수 있는 동시성concurrency에 대해 알아본다. 병렬 처리를 통해 동시에 여러 개의 작업을 처리해본다.

07

동시성을 이용한
병렬 실행

지난 6장에서는 컴파일 타임에 실행되는 코드를 만드는 템플릿 메타프로그래밍에 대해 알아봤다. 템플릿 메타프로그래밍을 사용하면 템플릿을 활용해 코드 흐름 제어를 향상시킬수 있다. 7장에서는 C++의 동시성을 다룬다. 두 개 이상의 작업을 동시에 실행시키려면코드 흐름 제어가 역시 중요하다. 7장에서는 다음 내용을 공부한다.

- 싱글 스레드와 멀티 스레드 실행
- 데드락을 회피하기 위한 동기화 방법
- 윈도우에서 핸들을 사용해 스레드 생성하기

▌ C++의 동시성

현대의 대부분의 프로그래밍 언어는 동시성을 지원한다. 이때는 여러 개의 계산이 순서대로 실행되는 것이 아니라 동시에 실행된다. 동시성은 모든 계산이 끝날 때까지 대기할 필요가 없기 때문에 프로그램의 응답성을 높일 수 있다. 동영상을 플레이하면서 동시에 다운로드도 해야 하는 프로그램을 개발한다고 하자. 동시성을 이용하지 않으면 동영상 파일을 플레이하기 전에 다운로드가 완료될 때까지 대기해야만 할 것이다. 동시성을 이용하면 파일 플레이와 다운로드를 두 개의 작업으로 나눠서 이들을 동시에 실행할 수 있다.

C++11 이전에는 멀티 스레딩^{multithreading} 기술을 이용한 동시성 프로그램을 만들기 위해서 Boost::thread에 의존해야 했다. 멀티 스레딩에서는 작업을 작게 분할하고 이들을 동시에 실행한다. C++11부터는 thread 클래스를 사용해서 멀티 스레드 프로그램을 만들 수 있다.

싱글 스레드로 작업하기[1]

thread 클래스를 사용하려면 std::thread의 인스턴스를 만들고, 인수로 함수의 이름을 전달하면 된다. 그 다음 std::join()을 호출해서 스레드가 작업을 완료할 때까지 메인 스레드를 중지한다. 다음 코드를 보자.

```cpp
/* singlethread.cpp */
#include <thread>
#include <iostream>

using namespace std;

void threadProc()
{
```

---

1 보통 메인 스레드(메인 함수) 외에 스레드를 하나 더 생성하면 멀티 스레드라고 하는데, 이 책에서는 std::thread의 인스턴스가 하나면 싱글 스레드, 두 개 이상이면 멀티 스레드로 간주한다. – 옮긴이

```
    cout << "Thread ID: ";
    cout << this_thread::get_id() << endl;
}

auto main() -> int
{
    cout << "[singlethread.cpp]" << endl;

    thread thread1(threadProc);
    thread1.join();

    return 0;
}
```

이 코드에는 threadProc() 함수가 있다. 이 함수를 thread1을 초기화할 때 인수로 넘긴
다. 초기화 후에 join()을 호출해서 thread1을 실행한다. 코드 실행 결과를 보자.

이번에는 main() 함수에 for 루프를 추가하고 동시에 실행한다. singlethread2.cpp 코
드는 다음과 같다.

```
/* singlethread2.cpp */
#include <thread>
#include <chrono>
#include <iostream>

using namespace std;

void threadProc()
{
    for (int i = 0; i < 5; i++)
    {
```

```cpp
      cout << "thread: current i = ";
      cout << i << endl;
    }
  }

  auto main( ) -> int
  {
    cout << "[singlethread2.cpp]" << endl;

    thread thread1( threadProc );

    for (int i = 0; i < 5; i++)
    {
      cout << "main : current i = " << i << endl;

      this_thread::sleep_for(
        chrono::milliseconds(5));
    }

    thread1.join( );

    return 0;
  }
```

이 코드에서는 thread1과 새로 추가된 for 루프 안의 작업이 동시에 실행된다. 두 작업을
비교하기 위해 threadProc( )에도 똑같이 for 루프를 추가했다. 코드 실행 결과를 보자.

```
C:\WINDOWS\system32\cmd.exe                                    —     □     ✕

[singlethread2.cpp]
main   : current i = 0
thread: current i = 0
thread: current i = 1
main   : current i = 1
thread: current i = 2
thread: current i = 3
main   : current i = 2
thread: current i = 4
main   : current i = 3
main   : current i = 4
```

출력 내용을 보면 threadProc( ) 함수와 main( )의 코드가 동시에 실행되는 것을 알 수 있다. 실행 결과는 머신에 따라 다를 수 있어 정확한 예측이 어렵다. 그러므로 이 그림과 출력 결과가 다르더라도 신경 쓰지 말자.

 좀 더 덧붙이면 앞의 출력 결과는 여러 번의 실행 결과 중 하나를 캡처했다. 스레드의 흐름은 정확히 예측할 수 없기 때문에 실행 때마다 threadProc( )과 main( )의 실행 순서가 달라지거나 앞의 결과처럼 한 줄에 같이 출력되기도 한다.

멀티 스레드로 작업하기

멀티 스레드에서는 두 개 이상의 스레드를 동시에 실행한다. 다섯 개의 스레드를 동시에 실행한다고 하자. 다음 multithread.cpp 코드에서는 배열에 다섯 개의 스레드를 저장해 사용한다.

```cpp
/* multithread.cpp */
#include <thread>
#include <iostream>

using namespace std;

void threadProc()
{
  cout << "Thread ID: ";
  cout << this_thread::get_id() << endl;
}

auto main() -> int
{
  cout << "[multithread.cpp]" << endl;
```

```cpp
    thread threads[5];

    for (int i = 0; i < 5; ++i)
    {
        threads[i] = thread(threadProc);
    }

    for (auto& thread : threads)
    {
        thread.join();
    }

    return 0;
}
```

스레드를 초기화한 후에 모든 스레드에 대해 join() 함수를 호출해 스레드를 실행한다. join()을 사용하면 스레드의 모든 작업이 완료될 때까지 대기한 뒤 다음 작업을 진행한다. 출력 결과를 보자.

다섯 개의 스레드 모두 성공적으로 실행됐다. 한편 스레드 함수로 람다 표현식을 사용할 수도 있다. 람다 표현식을 이용하면 앞의 예제 코드에서 threadProc()처럼 별도의 함수를 만들 필요가 없다. 다음 lambdathread.cpp 코드를 보자.

```cpp
/* lambdathread.cpp */
#include <thread>
#include <iostream>
```

```cpp
using namespace std;

auto main() -> int
{
  cout << "[lambdathread.cpp]" << endl;

  thread threads[5];

  for (int i = 0; i < 5; ++i)
  {
    threads[i] = thread([]()
    {
      cout << "Thread ID: ";
      cout << this_thread::get_id() << endl;
    });
  }

  for (auto& thread : threads)
  {
    thread.join();
  }

  return 0;
}
```

lambdathread.cpp 코드는 multithread.cpp와 비교할 때 실행 결과에서는 차이가 없다. 하지만 스레드 함수를 한 번만 사용하므로 람다로 만들어 두면 관리하기가 더 편하다. 실행 결과를 보자.

```
C:\WINDOWS\system32\cmd.exe                              —    □    ×
[lambdathread.cpp]
Thread ID: 8564
Thread ID: 13708
Thread ID: 13856
Thread ID: 14392
Thread ID: 11744
```

결과는 동일하지만 이번에는 스레드를 초기화할 때 람다 표현식을 사용했기 때문에 코드는 더 깔끔해졌다. multithread.cpp의 threadProc() 같은 함수는 딱 한 번만 사용하므로 스레드에 전달하기 위해 굳이 별도의 함수를 만들 필요가 없다.

 다시 언급하지만 책의 실행 결과와 여러분이 코드를 실행한 결과는 다를 수 있다.

▌ 뮤텍스를 이용한 스레드 동기화

앞에서 멀티 스레드 코드를 작성하고 실행해봤는데 스레드 내에서 공유 객체를 사용하면 동기화synchronization 문제가 발생할 수 있다. 이번에는 뮤텍스mutex를 사용해 이 문제를 해결하는 방법을 알아본다.

동기화 문제 해결하기

counter라는 변수의 값을 다섯 개의 스레드에서 각각 증가시킨다고 하자. 스레드마다 10,000번씩 루프를 돌며 값을 증가시키므로, 다섯 개의 스레드 작업이 종료되면 counter 값은 50,000이 될 것이라고 예상할 수 있다. 다음은 이를 구현한 코드다.

```
/* notsync.cpp */
#include <thread>
#include <iostream>

using namespace std;

auto main() -> int
{
```

```
cout << "[notsync.cpp]" << endl;

int counter = 0;

thread threads[5];

for (int i = 0; i < 5; ++i)
{
  threads[i] = thread([&counter]()
  {
    for (int i = 0; i < 10000; ++i)
    {
      ++counter;
      cout << "Thread ID: ";
      cout << this_thread::get_id();
      cout << "\tCurrent Counter = ";
      cout << counter << endl;
    }
  });
}

for (auto& thread : threads)
{
  thread.join();
}

cout << "Final result = " << counter << endl;

return 0;
}
```

코드를 실행하고 결과를 보자.

```
C:\Windows\system32\cmd.exe                              —    □    ×
Thread ID: 8572 Current Counter = 49984
Thread ID: 8572 Current Counter = 49985
Thread ID: 8572 Current Counter = 49986
Thread ID: 8572 Current Counter = 49987
Thread ID: 8572 Current Counter = 49988
Thread ID: 8572 Current Counter = 49989
Thread ID: 8572 Current Counter = 49990
Thread ID: 8572 Current Counter = 49991
Thread ID: 8572 Current Counter = 49992
Thread ID: 8572 Current Counter = 49993
Thread ID: 8572 Current Counter = 49994
Thread ID: 8572 Current Counter = 49995
Final result = 49995
```

그림에서 보듯이 우리가 예상했던 결과와 다르다. 이유는 코드에서 값을 증가시키는 부분이 원자적atomic 연산이 아니기 때문이다. 원자적 연산은 수행하려는 작업이 다른 작업의 영향을 받지 않는 격리isolation된 상태임을 뜻한다.

콘솔 출력 결과를 보면 서로 다른 스레드에서 counter 변수의 동일한 값을 사용하는 걸 볼 수 있다.

```
Select C:\Windows\system32\cmd.exe                       —    □    ×
Thread ID: 2504 Current Counter = 44141
Thread ID: 2504 Current Counter = 44143    ←
Thread ID: 5524 Current Counter = 44143    ←
Thread ID: 5524 Current Counter = 44145
Thread ID: 5524 Current Counter = 44147
Thread ID: 8572 Current Counter = 44147
Thread ID: 8572 Current Counter = 44149
```

이 캡처 결과에서 스레드 2504, 5524는 counter 변수의 값이 44143일 때 동시에 값에 접근했다. 예상치 못한 실행 결과를 얻은 이유는 바로 여기에 있다. 이제 counter를 증가시키는 부분을 원자적 연산으로 만들어 스레드가 값을 증가시키는 동안에는 다른 스레드가 접근하지 못하도록 변경해본다.

mutex 클래스를 사용해서 counter 변수를 스레드에 안전thread-safe하게끔 만들어보겠다. counter 변수에 스레드가 접근하기 전에 다른 스레드는 이 변수에 접근하지 못하도록 해야 하는데, mutex는 이 용도로 사용하기 위해 lock( )과 unlock( ) 함수를 갖고 있다. 다음 mutex.cpp 코드에서 어떻게 mutex를 사용하는지 알아보자.

```cpp
/* mutex.cpp */
#include <thread>
#include <mutex>
#include <iostream>

using namespace std;

auto main( ) -> int
{
  cout << "[mutex.cpp]" << endl;

  mutex mtx;
  int counter = 0;

  thread threads[5];

  for (int i = 0; i < 5; ++i)
  {
    threads[i] = thread([&counter, &mtx]( )
    {
      for (int i = 0; i < 10000; ++i)
      {
        mtx.lock( );
        ++counter;
        mtx.unlock( );

        cout << "Thread ID: ";
        cout << this_thread::get_id( );
        cout << "\tCurrent Counter = ";
        cout << counter << endl;
      }
```

```
    });
  }

  for (auto& thread : threads)
  {
    thread.join();
  }

  cout << "Final result = " << counter << endl;

  return 0;
}
```

코드에서 보는 것처럼 counter 변수를 증가시키기 전에 lock( ) 함수를 호출하고, 증가 처리를 완료한 후에는 unlock( ) 함수를 호출해서 이제 다른 스레드가 counter 변수를 사용할 수 있도록 한다. 이번에는 예상한 결과를 얻을 수 있을지 코드를 실행해 보자.

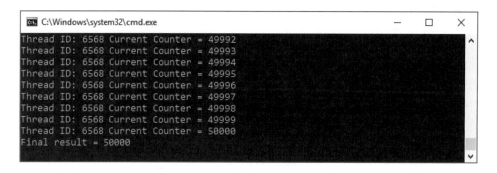

결과와 같이 mutex 클래스를 이용해서 예상한 결과를 얻는데 성공했다.

자동으로 잠금 해제하기

여러 스레드가 변수에 동시에 접근하는 것을 막고 정확한 값을 얻으려면, mutex 클래스의 lock( )을 사용해 변수를 잠그고 작업을 처리한 후에 unlock( )으로 잠금을 해제한다는 것을 배웠다. 그런데 만약 unlock( ) 함수를 호출하기 전에 예외가 발생하면 변수의 잠금이 아직 풀리지 않았으므로 프로그램도 멈추게 된다. 이 문제를 해결하기 위한 방법으로 lock_guard<mutex>를 사용해서 변수를 잠그는 방법이 있다. 그러면 코드 블록을 빠져나갈 때 자동으로 잠금이 해제되므로 설사 예외가 발생하더라도 잠금은 반드시 풀린다. lock_guard<mutex>를 사용해서 예제 코드를 수정해보자.

```cpp
/* automutex.cpp */
#include <thread>
#include <mutex>
#include <iostream>

using namespace std;

auto main() -> int
{
  cout << "[automutex.cpp]" << endl;

  mutex mtx;
  int counter = 0;

  thread threads[5];

  for (int i = 0; i < 5; ++i)
  {
    threads[i] = thread([&counter, &mtx]()
    {
      for (int i = 0; i < 10000; ++i)
      {
        {
          lock_guard <mutex> guard(mtx);
          ++counter;
        }

        cout << "Thread ID: ";
        cout << this_thread::get_id();
        cout << "\tCurrent Counter = ";
        cout << counter << endl;
```

```
      }
    });
  }

  for (auto& thread : threads)
  {
    thread.join();
  }

  cout << "Final result = " << counter << endl;

  return 0;
}
```

여기서는 counter 값을 증가시키기 전에 lock_guard<mutex> guard(mtx)를 호출한다. 실행 결과는 동일하지만, 프로그램이 예상치 못하게 잠금 상태로 남을 수 있는 위험성을 제거했다.

recursive_mutex로 데드락 방지하기

앞의 예제에서는 lock_guard를 사용해서 여러 스레드가 동시에 같은 변수에 접근하지 못하도록 했다. 그런데 여전히 문제가 발생할 수 있는 상황이 존재하는데 바로 하나의 mutex로 여러 개의 lock_guard를 사용하는 경우다. 다음 코드에는 lock_guard를 사용하는 세 개의 함수인 Multiplexer(), Divisor(), RunAll()이 있다. RunAll()이 다른 두 개의 함수를 호출하는데, 호출 직전에 lock_guard를 먼저 사용한다.

```
/* deadlock.cpp */
#include <thread>
#include <mutex>
#include <iostream>
```

```cpp
using namespace std;

struct Math
{
  mutex mtx;
  int m_content;

  Math() : m_content(0)
  {
  }

  // lock_guard로 잠금 처리를 한다
  void Multiplexer(int i)
  {
    lock_guard<mutex> lock(mtx);
    m_content *= i;
    cout << "Multiplexer() is called. m_content = ";
    cout << m_content << endl;
  }

  // lock_guard로 잠금 처리를 한다
  void Divisor(int i)
  {
    lock_guard<mutex> lock(mtx);
    m_content /= i;
    cout << "Divisor() is called. m_content = ";
    cout << m_content << endl;
  }

  // lock_guard로 잠금 처리를 하고,
  // 위의 두 함수를 호출한다
  void RunAll(int a)
  {
    lock_guard<mutex> lock(mtx);
    Multiplexer(a);
    Divisor(a);
  }
```

```
};

auto main() -> int
{
  cout << "[deadlock.cpp]" << endl;

  // Math 구조체의 인스턴스를 만들고
  // RunAll() 함수를 호출한다
  Math math;
  math.RunAll(10);

  return 0;
}
```

이 코드는 에러 없이 컴파일되지만, 실행하면 데드락^{deadlock}에 빠져 프로그램이 종료되지 않는다. 그 이유는 동일한 mutex 객체를 여러 스레드에서 두 번 획득할 수 없기 때문이다. RunAll()이 호출되면 mtx로 초기화된 lock 객체가 생성된다. 그 다음 Multiplexer()가 호출되는데 Muttiplexer() 역시 mtx를 사용해 lock 객체를 생성하려고 한다. 하지만 mtx 는 이미 RunAll()에서 lock 객체를 생성하면서 사용되었기 때문에 이미 잠금이 걸린 상태다. 이렇게 되면 서로 잠금이 해제되기를 기다리는 데드락에 빠진다. 이런 문제를 해결하려면 lock_guard<recursive_mutex>를 사용하면 되는데 다음에 굵게 강조한 코드를 통해 사용 예를 알아보자.

```
/* recursivemutex.cpp */
#include <thread>
#include <mutex>
#include <iostream>

using namespace std;

struct Math
{
  recursive_mutex mtx;
```

```cpp
  int m_content;
  Math() : m_content(1)
  {
  }

  // lock_guard로 잠금 처리를 한다
  // 이번에는 recursive_mutex를 사용한다
  void Multiplexer(int i)
  {
    lock_guard<recursive_mutex> lock(mtx);
    m_content *= i;
    cout << "Multiplexer() is called. m_content = ";
    cout << m_content << endl;
  }

  // lock_guard로 잠금 처리를 한다
  // 이번에는 recursive_mutex를 사용한다
  void Divisor(int i)
  {
    lock_guard<recursive_mutex> lock(mtx);
    m_content /= i;
    cout << "Divisor() is called. m_content = ";
    cout << m_content << endl;
  }

  // lock_guard로 잠금 처리를 하고,
  // 위의 두 함수를 호출한다
  void RunAll(int a)
  {
    lock_guard<recursive_mutex> lock(mtx);
    Multiplexer(a);
    Divisor(a);
  }
};

auto main() -> int
{
```

```
        cout << "[recursivemutex.cpp]" << endl;

        // Math 구조체의 인스턴스를 만들고
        // RunAll( ) 함수를 호출한다
        Math math;
        math.RunAll(10);

        return 0;
    }
```

이번에는 컴파일뿐 아니라 실행도 문제가 없다. 이처럼 lock_guard<recursive_mutex> 클래스를 활용하면 동일한 mutex로 한 번 이상 잠금 처리를 하면서 데드락도 방지할 수 있다. 코드 실행 결과는 다음과 같다.

동일한 mutex를 재귀적으로 사용해야 할 때는 recursive_mutex를 이용하자.

▌ 윈도우에서 스레드 처리 이해하기

이번에는 특정 OS에서 스레드를 어떻게 처리하는지 알아보자. 대상 OS는 마이크로소프트의 윈도우다. 윈도우에서 스레드는 커널Kernel 객체다. 즉 OS가 생성하고 소유하며 커널에 상주한다. 커널 자체는 시스템의 모든 것을 완전히 제어하는 핵심 요소다. 이 단원에서는 윈도우에서 스레드를 생성하고 제어하는 방법을 다룬다.

핸들로 작업하기

윈도우 시스템에서 핸들^{handle}은 스레드를 포함한 리소스를 가리키는 추상화된 참조 값이다. 다음 코드를 통해서 실제 사용 예를 알아보자. threadProc( ) 함수는 스레드 내에서 호출되며 hnd 변수에 의해 참조된다.

```cpp
/* threadhandle.cpp */
#include <iostream>
#include <windows.h>

using namespace std;

auto threadProc(void*) -> unsigned long
{
  cout << "threadProc() is run." << endl;
  return 100;
}

auto main() -> int
{
  cout << "[threadhandle.cpp]" << endl;

  auto hnd = HANDLE
  {
    CreateThread(
      nullptr,
      0,
      threadProc,
      nullptr,
      0,
      nullptr)
  };

  if (hnd)
  {
    WaitForSingleObject(hnd, INFINITE);
```

```
        unsigned long exitCode;
        GetExitCodeThread(hnd, &exitCode);

        cout << "The result = " << exitCode << endl;

        CloseHandle(hnd);
    }

    return 0;
}
```

CreateThread( ) 함수는 windows.h 파일에서 제공하며 이 함수를 이용해서 스레드를 만든다.[2] 스레드에서 호출되는 함수인 threadProc( )을 제외하고 나머지 인수는 nullptr와 0을 사용했다.

스레드를 생성해서 hnd를 초기화하고 값을 조사해 스레드가 제대로 생성되었는지 확인한다. 그런 다음 WaitForSingleObject( ) 함수를 호출한다. 이 함수는 지금까지 스레드를 실행하고 작업을 마칠 때까지 대기하기 위해 사용했던 join( )과 유사하다. 한편 스레드는 하나의 리소스이므로 사용이 끝나면 CloseHandle( )로 사용한 리소스를 해제해줘야 한다. 다음은 실행 결과다.

출력 결과와 같이 스레드를 성공적으로 실행해 threadProc( ) 함수로부터 예상된 결과를 얻었다.

---

2 윈도우에서 스레드를 생성할 때는 함수 선택에 주의해야 한다. CreateThread( )로 만든 스레드 내에서 C 런타임(CRT) 함수를 호출할 때, signal( ) 외에는 모두 정상 동작하지만 함수에 따라 메모리 누수가 발생할 수 있다. 따라서 스레드 내에서 CRT 함수를 사용하지 않는 것이 확실할 때만 CreateThread( )를 사용하고, 그 외에는 _beginthreadex( ) 함수를 사용하는 것이 안전하다. – 옮긴이

274

자동으로 핸들 해제하기

좀 더 정교한 코드를 위해 더 이상 필요 하지 않은 리소스를 자동으로 해제해주는 NullHandle 타입을 만들어보자. 이 클래스는 또 다른 클래스 UniqueHandle을 통해서 생성된다. 두 클래스는 uniquehandle.h 파일에 구현돼있다. 먼저 UniqueHandle 클래스부터 살펴보자.

```cpp
template <typename C>
class UniqueHandle
{
  private:
    HANDLE m_val;

    void Close()
    {
      if (*this)
      {
        C::Exit(m_val);
      }
    }

  public:
    // 복사 대입 연산자
    UniqueHandle(UniqueHandle const &) = delete;
    auto operator=(UniqueHandle const &)->UniqueHandle & = delete;

    // 생성자
    explicit UniqueHandle(HANDLE value = C::Invalid()) :
    m_val{ value }
    {
    }

    // 이동 생성자
    UniqueHandle(UniqueHandle && other) :
    m_val{ other.Release() }
```

```
{
}

// 이동 대입 연산자
auto operator=(UniqueHandle && other) -> UniqueHandle &
{
  if (this != &other)
  {
    Reset(other.Release());
  }

  return *this;
}

// 소멸자
~UniqueHandle()
{
  Close();
}

// 동일성 검사를 위한 bool 연산자
explicit operator bool() const
{
  return m_val != C::Invalid();
}

// HANDLE 값을 얻기 위한 함수
HANDLE Get() const
{
  return m_val;
}

// HANDLE을 해제하기 위한 함수
HANDLE Release()
{
  auto value = m_val;
  m_val = C::Invalid();
```

```
      return value;
    }

    // HANDLE을 리셋하는 함수
    bool Reset(HANDLE value = C::Invalid())
    {
      if (m_val != value)
      {
        Close();
        m_val = value;
      }

      return static_cast<bool>(*this);
    }
};
```

UniqueHandle 클래스는 인스턴스가 생성될 때, m_val에 핸들 값을 갖고 있다가 소멸자에서 Close()를 호출해 자동으로 핸들을 종료한다. 이 클래스를 활용해서 NullHandle 객체를 사용하려면 다음처럼 한다.

```
using NullHandle = UniqueHandle<NullHandleCharacteristics>;
```

NullHandleCharacteristics의 구현은 다음과 같다.

```
struct NullHandleCharacteristics
{
  // 잘못된 HANDLE이면 nullptr을 반환
  static HANDLE Invalid()
  {
    return nullptr;
  }

  // HANDLE 종료
```

```
    static void Exit(HANDLE val)
    {
      CloseHandle(val);
    }
};
```

이제 앞에서 본 threadhandle.cpp를 개선한다. HANDLE 대신에 방금 구현한 NullHandle
을 사용하자.

```
auto hnd = NullHandle
{
  CreateThread(
    nullptr,
    0,
    threadProc,
    nullptr,
    0,
    nullptr)
};
```

그 다음 WaitOneThread( )라는 새로운 함수를 만든다. 이 함수는 스레드를 실행하고 작업
이 완료될 때까지 대기한다.

```
auto WaitOneThread(
  HANDLE const h,
  DWORD const ms = INFINITE) -> bool
  {
    auto const r = WaitForSingleObject(
    h,
    ms);

    // 핸들 h가 시그널 상태
    if (r == WAIT_OBJECT_0)
```

```
      return true;

    // 핸들 h가 지정한 시간까지 시그널 상태가 되지 않았음
    if (r == WAIT_TIMEOUT)
      return false;

    throw WinException();
  }
```

WaitOneThread( ) 함수를 사용하면 스레드가 동작 중인지 아닌지를 알 수 있다. 함수 마지
막에서 WinException이란 구조체를 throw하는데 구현은 다음과 같다.

```
struct WinException
{
  unsigned long error;

  explicit WinException(
    unsigned long value = GetLastError()) :
    error{ value }
    {
    }
};
```

마지막으로 main( )에서 hnd 핸들을 초기화한 다음, 아래 코드를 추가한다.

```
if (hnd)
{
  if (WaitOneThread(hnd.Get(), 0))
    cout << "Before running thread" << endl;

  WaitOneThread(hnd.Get());

  if (WaitOneThread(hnd.Get(), 0))
    cout << "After running thread" << endl;
```

```
    unsigned long exitCode;
    GetExitCodeThread(hnd.Get(), &exitCode);

    cout << "The result = " << exitCode << endl;
}
```

WaitOneThread( )를 호출하면서 ms 매개변수로 0을 전달했다. WaitOneThread( )에서는
WaitForSingleObject( ) 함수를 호출해 스레드 상태를 확인한다. WaitOneThread( )를 두
번째 호출할 때는 ms 매개변수 기본값 INFINITE를 그대로 사용해서 스레드 작업이 완료
될 때까지 대기한다. 다음 threaduniquehandle.cpp 코드는 UniqueHandle 클래스를 사
용하도록 개선된 전체 소스다.

```
/* threaduniquehandle.cpp */
#include <iostream>
#include <windows.h>
#include "../uniquehandle_h/uniquehandle.h"

using namespace std;

unsigned long threadProc(void*)
{
  cout << "threadProc() is run." << endl;
  return 100;
}

struct WinException
{
  unsigned long error;
  explicit WinException(
    unsigned long value = GetLastError()) :
    error{ value }
    {
    }
};
```

```
auto WaitOneThread(
  HANDLE const h,
  DWORD const ms = INFINITE) -> bool
  {
    auto const r = WaitForSingleObject(
    h,
    ms);

  // 핸들 h가 시그널 상태
  if (r == WAIT_OBJECT_0)
    return true;

  // 핸들 h가 지정한 시간까지 시그널 상태가 되지 않았음
  if (r == WAIT_TIMEOUT)
    return false;

  throw WinException();
}

auto main() -> int
{
  cout << "[threaduniquehandle.cpp]" << endl;

  auto hnd = NullHandle
  {
    CreateThread(
      nullptr,
      0,
      threadProc,
      nullptr,
      0,
      nullptr)
  };

  if (hnd)
  {
    if (WaitOneThread(hnd.Get(), 0))
```

```
        cout << "Before running thread" << endl;

    WaitOneThread(hnd.Get());

    if (WaitOneThread(hnd.Get(), 0))
      cout << "After running thread" << endl;

    unsigned long exitCode;
    GetExitCodeThread(hnd.Get(), &exitCode);

    cout << "The result = " << exitCode << endl;
  }

  return 0;
}
```

실행 결과를 확인하자.

자세히 보면 "Before running thread"는 출력되지 않았는데, 그 이유는 WaitOneThread( )
를 처음 호출할 때 대기 시간을 0으로 했기 때문이다. 즉 WaitOneThread( ) 내부에서 호출
하는 WaitForSingleObject( )함수는 대기 시간이 0으로 전달되면 바로 반환된다. 그래서
스레드 실행이 이미 완료된 상태가 아니라면 항상 WAIT_TIME_OUT이 반환된다.

이벤트 트리거

지금까지 윈도우에서 스레드 생성과 실행에 관해 알아봤다. 계속해서 또 다른 동시성 타
입인 이벤트를 살펴보자. 이벤트는 시스템에 의해 유발trigger되는 동작이며 커널 객체 중

282

가장 단순한 구조를 갖고 있다. 이벤트는 사용 카운트, 자동 리셋과 수동 리셋을 구분하기 위한 bool 값, 시그널 상태 여부를 나타내는 bool 값으로 구성된다. 이번 예제는 이벤트를 추상화한 Event 클래스를 만들어 사용한다. 한편 이 클래스는 앞의 예제에서 활용한 UniqueHandle도 포함한다.

```cpp
class Event
{
  private:
    NullHandle hnd;

  public:
    Event(Event const &) = delete;
    auto operator=(Event const &)->Event & = delete;
    ~Event() = default;

    explicit Event(bool manual) :
      hnd
      {
        CreateEvent(nullptr,
          manual, false, nullptr)
      }
      {
        if (!hnd)
          throw WinException();
      }

    explicit Event(EventType evType) :
      hnd
      {
        CreateEvent(
          nullptr,
          static_cast<BOOL>(evType),
          false,
          nullptr)
      }
      {
```

```
        if (!hnd)
            throw WinException();
    }

    Event(Event && other) throw( ) :
        hnd
        {
            other.hnd.Release( )
        }
        {
        }

    auto operator=(Event && other) throw( ) -> Event &
    {
        hnd = move(other.hnd);
    }

    void Set( )
    {
        cout << "The event is set" << endl;
        SetEvent(hnd.Get( ));
    }

    void Clear( )
    {
        cout << "The event is cleared" << endl;
        ResetEvent(hnd.Get( ));
    }

    auto Wait(
        DWORD const ms = INFINITE) -> bool
        {
            auto const result = WaitForSingleObject(
            hnd.Get( ), ms);

    return result == WAIT_OBJECT_0;
    }
};
```

Event 클래스는 이벤트를 설정하는 Set( ), 초기화하는 Clear( ), 이벤트가 완료될 때까지 대기하는 Wait( ) 멤버 함수가 있다. 또 이벤트의 두 가지 타입인 자동 리셋, 수동 리셋도 정의한다.[3]

```
enum class EventType
{
  AutoReset,
  ManualReset
};
```

이제 main( ) 함수를 작성한다. 먼저 Event 클래스의 인스턴스를 생성한 뒤 시그널 상태 여부를 확인한다. 그런 다음 이벤트를 설정하고 다시 시그널 상태 여부를 확인한 뒤 이벤트를 초기화한다. 전체 코드는 다음 event.cpp에 나와있다.

```
/* event.cpp */
#include <iostream>
#include <windows.h>
#include "../uniquehandle_h/uniquehandle.h"

using namespace std;

struct WinException
{
  unsigned long error;

  explicit WinException(
    unsigned long value = GetLastError()) :
    error{ value }
    {
    }
```

---

3 예제 코드의 Event 클래스는 EventType에 따라 자동 리셋 이벤트와 수동 리셋 이벤트를 생성한다. 자동 리셋 이벤트가 시그널 상태가 되면 이벤트를 기다리는 스레드 중 하나의 스레드만 스케줄 가능 상태가 되며, 수동 리셋 이벤트가 시그널 상태가 되면 대기하는 모든 스레드가 동시에 스케줄 가능 상태가 된다. – 옮긴이

```cpp
};

enum class EventType
{
  AutoReset,
  ManualReset
};

class Event
{
  private:
    NullHandle hnd;

  public:
    Event(Event const &) = delete;
    auto operator=(Event const &)->Event & = delete;
    ~Event() = default;

    explicit Event(bool manual) :
      hnd
      {
        CreateEvent(nullptr,
        manual, false, nullptr)
      }
      {
        if (!hnd)
          throw WinException();
      }

    explicit Event(EventType evType) :
      hnd
      {
        CreateEvent(
        nullptr,
        static_cast<BOOL>(evType),
        false,
        nullptr)
      }
```

```
{
  if (!hnd)
    throw WinException();
}

Event(Event && other) throw() :
  hnd
  {
    other.hnd.Release()
  }
  {
  }

auto operator=(Event && other) throw() -> Event &
{
  hnd = move(other.hnd);
}

void Set()
{
  cout << "The event is set" << endl;
  SetEvent(hnd.Get());
}

  void Clear()
  {
  cout << "The event is cleared" << endl;
  ResetEvent(hnd.Get());
}

auto Wait(
  DWORD const ms = INFINITE) -> bool
    {
      auto const result = WaitForSingleObject(
        hnd.Get(), ms);
      return result == WAIT_OBJECT_0;
    }
```

```cpp
    };

    void CheckEventSignaling(bool b)
    {
      if (b)
      {
          cout << "The event is signaled" << endl;
      }
      else
      {
       cout << "The event is not signaled" << endl;
      }
}

auto main() -> int
{
  cout << "[event.cpp]" << endl;

  auto ev = Event{
    EventType::ManualReset };

    CheckEventSignaling(ev.Wait(0));

    ev.Set();

    CheckEventSignaling(ev.Wait(0));

    ev.Clear();

    CheckEventSignaling(ev.Wait(0));

    return 0;
}
```

코드가 하는 일을 차례대로 살펴보자.

1. main( ) 함수에서 Event 종류를 ManulReset으로 설정하고 Event 인스턴스를 생성한다.
2. Event 클래스의 Wait( ) 함수를 호출하고 결과값을 CheckEventSignaling( )의 매개변수로 전달한다. Wait( ) 함수는 내부에서 WaitForSingleObject( )를 호출한다.
3. Set( )과 Clear( ) 함수를 호출한다.
4. event.cpp 코드의 실행 결과는 다음과 같다.

```
C:\Windows\system32\cmd.exe                                   —    □    ×
[event.cpp]
The event is not signaled
The event is set
The event is signaled
The event is cleared
The event is not signaled
```

결과를 보면 처음에 Event 클래스를 초기화만 했으므로 CheckEventSignaling( )을 첫 번째로 호출했을 때는 시그널 상태가 아니다. 다음으로 이벤트를 설정한 뒤에 CheckEvent Signaling( )을 호출했을 때는 시그널 상태다. 이와 같이 CheckEventSignaling( ) 내부에서 호출하는 WaitForSingleObject( ) 함수를 사용하면 이벤트의 시그널 상태 여부를 정확히 알 수 있다.

스레드에서 이벤트 사용하기

이번에는 스레드에서 이벤트를 사용해본다. 그전에 2개 이상의 스레드를 감싸서 함께 호출하고 작업이 완료될 때까지 대기할 수 있어야 한다. 다음 Wrap 함수가 스레드를 감싸는 역할을 한다.

```
void Wrap(HANDLE *)
{
}

template <typename T, typename... Args>
void Wrap(
  HANDLE * left,
  T const & right,
  Args const & ... args)
  {
    *left = right.Get();
    Wrap(++left, args...);
  }
```

모든 스레드를 실행하고 완료될 때까지 대기할 때 Wrap() 함수를 호출할 것이므로, 이 용도로 WaitAllThreads() 함수를 만든다.

```
template <typename... Args>
void WaitAllThreads(Args const & ... args)
{
  HANDLE handles[sizeof...(Args)];

  Wrap(handles, args...);

  WaitForMultipleObjects(
    sizeof...(Args),
    handles,
    true,
    INFINITE);
}
```

전체 코드는 다음 eventthread.cpp에서 볼 수 있다.

```cpp
/* eventthread.cpp */
#include <iostream>
#include <windows.h>
#include "../uniquehandle_h/uniquehandle.h"

using namespace std;

void Wrap(HANDLE *)
{
}

template <typename T, typename... Args>
void Wrap(
  HANDLE * left,
  T const & right,
  Args const & ... args)
  {
    *left = right.Get();
    Wrap(++left, args...);
  }

template <typename... Args>
void WaitAllThreads(Args const & ... args)
{
  HANDLE handles[sizeof...(Args)];

  Wrap(handles, args...);

  WaitForMultipleObjects(
    sizeof...(Args),
    handles,
    true,
    INFINITE);
}

auto threadProc(void*) -> unsigned long
{
```

```cpp
    cout << "Thread ID: ";
    cout << GetCurrentThreadId() << endl;
    return 120;
}

auto main() -> int
{
    cout << "[eventthread.cpp]" << endl;

    auto thread1 = NullHandle
    {
        CreateThread(
          nullptr,
          0,
          threadProc,
          nullptr,
          CREATE_SUSPENDED,
          nullptr)
    };

    auto thread2 = NullHandle
    {
        CreateThread(
          nullptr,
          0,
          threadProc,
          nullptr,
          CREATE_SUSPENDED,
          nullptr)
    };

    ResumeThread(thread1.Get());
    ResumeThread(thread2.Get());

    WaitAllThreads(thread1, thread2);

    return 0;
}
```

이 코드의 실행 결과를 보자.

```
C:\Windows\system32\cmd.exe                              —    □    ×
[eventthread.cpp]
Thread ID: 14524
Thread ID: 11988
```

이번 예제에서 WaitAllThreads( ) 함수로 2개의 스레드를 감싸서 함께 호출할 수 있었다. 한편 앞에서 다룬 예제 중 event.cpp에서 Event 클래스를 사용해 시그널 상태를 만들어봤다. 이제 이 두 개의 코드를 연결하여 스레드에서 이벤트를 사용해보자. 다음 eventthread2.cpp 코드를 살펴보자.

```cpp
/* eventthread2.cpp */
#include <iostream>
#include <windows.h>
#include "../uniquehandle_h/uniquehandle.h"

using namespace std;

struct WinException
{
  unsigned long error;

  explicit WinException(
    unsigned long value = GetLastError()) :
    error{ value }
    {
    }
};

enum class EventType
{
  AutoReset,
  ManualReset
};
```

```cpp
class Event
{
  private:
    NullHandle hnd;

  public:
    Event(Event const &) = delete;
    auto operator=(Event const &)->Event & = delete;
    ~Event() = default;

    explicit Event(bool manual) :
      hnd
      {
        CreateEvent(nullptr,
        manual, false, nullptr)
      }
      {
        if (!hnd)
         throw WinException();
      }

    explicit Event(EventType evType) :
      hnd
      {
        CreateEvent(
          nullptr,
          static_cast<BOOL>(evType),
          false,
          nullptr)
      }
      {
        if (!hnd)
         throw WinException();
      }

  Event(Event && other) throw() :
    hnd
```

```cpp
    {
      other.hnd.Release()
    }
    {
    }

  auto operator=(Event && other) throw() -> Event &
  {
    hnd = move(other.hnd);
  }

  void Set()
  {
    cout << "The event is set" << endl;
    SetEvent(hnd.Get());
  }

  void Clear()
  {
    cout << "The event is cleared" << endl;
    ResetEvent(hnd.Get());
  }

  auto Wait(DWORD const ms = INFINITE) -> bool
  {
    auto const result = WaitForSingleObject(
      hnd.Get(), ms);

    return result == WAIT_OBJECT_0;
  }
};

  void Wrap(HANDLE *)
  {
  }

  template <typename T, typename... Args>
  void Wrap(
```

```cpp
HANDLE * left,
T const & right,
Args const & ... args)
{
  *left = right.Get();
  Wrap(++left, args...);
}

template <typename... Args>
void WaitAllThreads(Args const & ... args)
{
HANDLE handles[sizeof...(Args)];

Wrap(handles, args...);

WaitForMultipleObjects(
  sizeof...(Args),
  handles,
  true,
  INFINITE);
}

static auto ev = Event{
EventType::ManualReset };

auto threadProc(void*) -> unsigned long
{
  cout << "Thread ID: ";
  cout << GetCurrentThreadId() << endl;

  ev.Wait();

  cout << "Run Thread ID: ";
  cout << GetCurrentThreadId() << endl;

  return 120;
}
```

```cpp
auto main() -> int
{
  cout << "[eventthread2.cpp]" << endl;

  auto thread1 = NullHandle
  {
    CreateThread(
      nullptr,
      0,
      threadProc,
      nullptr,
      0,
      nullptr)
  };

  auto thread2 = NullHandle
  {
    CreateThread(
      nullptr,
      0,
      threadProc,
      nullptr,
      0,
nullptr)
  };

  Sleep(100);
  ev.Set();
  Sleep(100);

  WaitAllThreads(thread1, thread2);

  return 0;
}
```

eventthread2.cpp에서는 스레드를 사용해서 이벤트를 트리거한다. 처음에 두 개의 NullHandle 스레드를 생성하고 Event 클래스의 Set( )을 호출해서 이벤트를 설정한다. Set( ) 앞뒤로 Sleep( ) 함수를 둬서 이벤트가 활성화되기까지 시간을 약간 지연시킨다. WaitAllThreads( ) 함수에서는 threadProc( )을 호출해서 각 스레드를 실행한다. threadProc( )에서는 ev.Wait( )를 호출하면서 스레드가 종료될 때까지 대기한다. 실행 결과를 확인하자.[4]

```
[eventthread2.cpp]
Thread ID: 408
Thread ID: 7448
The event is set
Run Thread ID: 7448
Run Thread ID: 408
```

앞의 코드에서는 이벤트 종류로 ManualReset을 사용했다. 즉 이벤트 초기화를 우리가 직접 해줘야 했다. 이번에는 AutoReset으로 이벤트를 생성해보자. 또 threadProc( ) 함수도 조금 수정할 것이다. eventthread3.cpp 코드를 보자.

```cpp
/* eventthread3.cpp */
#include <iostream>
#include <windows.h>
#include "../uniquehandle_h/uniquehandle.h"

using namespace std;

struct WinException
{
  unsigned long error;

  explicit WinException(
    unsigned long value = GetLastError()) :
```

---

4 수동 리셋 이벤트를 사용했기 때문에 이벤트가 시그널 상태가 됐을 때, 대기하는 2개의 스레드가 동시에 실행된다. – 옮긴이

```
      error{ value }
      {
      }
};

enum class EventType
{
  AutoReset,
  ManualReset
};

class Event
{
  private:
    NullHandle hnd;

  public:
    Event(Event const &) = delete;
    auto operator=(Event const &)->Event & = delete;
    ~Event( ) = default;

    explicit Event(bool manual) :
      hnd
      {
        CreateEvent(nullptr,
        manual, false, nullptr)
      }
      {
        if (!hnd)
          throw WinException( );
      }

    explicit Event(EventType evType) :
      hnd
      {
        CreateEvent(
          nullptr,
          static_cast<BOOL>(evType),
```

```
          false,
          nullptr)
    }
    {
      if (!hnd)
        throw WinException();
    }

Event(Event && other) throw() :
  hnd
  {
    other.hnd.Release()
  }
  {
  }

auto operator=(Event && other) throw() -> Event &
{
  hnd = move(other.hnd);
}

void Set()
{
  cout << "The event is set" << endl;
  SetEvent(hnd.Get());
}

void Clear()
{
  cout << "The event is cleared" << endl;
  ResetEvent(hnd.Get());
}

auto Wait(
  DWORD const ms = INFINITE) -> bool
  {
    auto const result = WaitForSingleObject(
      hnd.Get(), ms);
```

```
      return result == WAIT_OBJECT_0;
    }
};

  void Wrap(HANDLE *)
  {
  }

  template <typename T, typename... Args>
  void Wrap(
    HANDLE * left,
    T const & right,
    Args const & ... args)
  {
    *left = right.Get();
    Wrap(++left, args...);
  }

  template <typename... Args>
  void WaitAllThreads(Args const & ... args)
  {
    HANDLE handles[sizeof...(Args)];

    Wrap(handles, args...);

    WaitForMultipleObjects(
      sizeof...(Args),
      handles,
      true,
      INFINITE);
  }

  static auto ev = Event{
  EventType::AutoReset };

  auto threadProc(void*) -> unsigned long
  {
    cout << "Thread ID: ";
```

```cpp
    cout << GetCurrentThreadId( ) << endl;

    ev.Wait( );

    cout << "Run Thread ID: ";
    cout << GetCurrentThreadId( ) << endl;

    Sleep(1000);
    ev.Set( );

    return 120;
}

auto main( ) -> int
{
    cout << "[eventthread3.cpp]" << endl;

    auto thread1 = NullHandle
    {
        CreateThread(
            nullptr,
            0,
            threadProc,
            nullptr,
            0,
            nullptr)
    };

    auto thread2 = NullHandle
    {
        CreateThread(
            nullptr,
            0,
            threadProc,
            nullptr,
            0,
            nullptr)
    };
```

```
        Sleep(100);
        ev.Set();
        Sleep(100);

        WaitAllThreads(thread1, thread2);

        return 0;
    }
```

여기서는 Event 클래스의 Set( ) 함수를 threadProc( )안에서도 호출한다. 그 이유는 이벤트를 AutoReset, 즉 자동 리셋 이벤트로 했기 때문이다. 자동 리셋 이벤트는 대기 중인 스레드 중 하나의 스레드만 스케줄 가능 상태가 되므로 나머지 스레드를 실행하려면 threadProc( )내에서 Set( )을 한 번 더 호출해줘야 한다. 실행 결과를 확인하자.

요약

7장에서는 C++의 동시성 개념을 알아봤다. 싱글 스레드와 멀티 스레드 코드를 만들어봤으며, 특히 멀티 스레드 프로그램에서 동기화 이슈와 데드락을 방지하는 방법도 배웠다. 마지막으로 윈도우에서 스레드와 이벤트를 생성하고 활용하는 방법을 알아봤다.

8장에서는 지금까지 배운 모든 내용을 적용하여 함수형 방식으로 프로그램을 만들어 본다. 또한 C++로 만든 프로그램의 테스트 방법도 다룬다.

08

함수형 방식으로
코드 작성하기

지금까지 일급 함수, 순수 함수, 불변 객체를 포함한 함수형 프로그래밍의 기본 지식을 배웠다. 8장에서는 이러한 지식을 모두 동원해서 함수형 방식으로 프로그램을 개발한다. 또 C++를 사용한 프로그램의 디버깅 방법도 알아본다.

8장에서 다루는 주제는 다음과 같다.

- 함수형 코드로 변환할 명령형 코드 준비
- 순수 함수 구현
- 템플릿 메타프로그래밍 구현
- 람다 표현식을 사용한 필터링 구현

- 재귀 구현
- 기술 구현
- 디버깅을 통해 문제 해결

명령형 클래스 준비(Step01)

함수형 코드를 만들기 전에 우선 명령형 코드로 Customer 클래스를 만들어 본다. 이 클래스는 중복되지 않는 고객 ID를 표현하기 위해 int 타입의 멤버 변수 id를 가지며, 4개의 고객 정보인 name, address, phoneNumber, email을 저장하기 위한 string 타입 변수를 포함한다. 그리고 고객의 계약 체결 여부를 나타내기 위한 isActive 플래그가 있다. 만약 고객과 계약이 체결돼 있으면 이 플래그 값은 true다. 마지막으로 계약 체결 여부에 상관없이 등록된 모든 고객을 저장하기 위한 벡터 컨테이너 registeredCustomers 멤버가 있다. registeredCustomers는 static으로 선언해 클래스 밖에서도 호출 가능하도록 했고 Customer 인스턴스 목록을 유지할 수 있게 한다.

멤버 변수 외에 추가로 4개의 멤버 함수를 구현한다.

- GetActiveCustomerNames(): 계약이 체결된 고객 이름 목록을 얻을 때 사용한다.
- GetActiveCustomerAddresses(): 계약이 체결된 고객의 주소 목록을 얻을 때 사용한다.
- GetActiveCustomerPhoneNumbers(): 계약이 체결된 고객의 전화번호 목록을 얻을 때 사용한다.
- GetActiveCustomerEmails(): 계약이 체결된 고객의 메일 목록을 얻을 때 사용한다.

이 내용을 적용한 Customer 클래스 헤더 코드를 보자.

```cpp
/* Customer.h - Step01 */
#ifndef __CUSTOMER_H__
#define __CUSTOMER_H__

#include <string>
#include <vector>

class Customer
{
  public:
    static std::vector<Customer> registeredCustomers;
    int id = 0;
    std::string name;
    std::string address;
    std::string phoneNumber;
    std::string email;
    bool isActive = true;

    std::vector<std::string> GetActiveCustomerNames();
    std::vector<std::string> GetActiveCustomerAddresses();
    std::vector<std::string> GetActiveCustomerPhoneNumbers();
    std::vector<std::string> GetActiveCustomerEmails();
};
#endif // __CUSTOMER_H__
```

네 개의 멤버 함수 정의를 비롯한 Customer 클래스의 구현 코드는 다음과 같다.

```cpp
/* Customer.cpp - Step01 */
#include "Customer.h"

using namespace std;

vector<Customer> Customer::registeredCustomers;
```

```
vector<string> Customer::GetActiveCustomerNames()
{
  vector<string> returnList;
  for (auto &customer : Customer::registeredCustomers)
  {
    if (customer.isActive)
    {
      returnList.push_back(customer.name);
    }
  }
    return returnList;
}

vector<string> Customer::GetActiveCustomerAddresses()
{
  vector<string> returnList;
  for (auto &customer : Customer::registeredCustomers)
  {
    if (customer.isActive)
    {
      returnList.push_back(customer.address);
    }
  }
  return returnList;
}

vector<string> Customer::GetActiveCustomerPhoneNumbers()
{
  vector<string> returnList;
  for (auto &customer : Customer::registeredCustomers)
  {
    if (customer.isActive)
    {
      returnList.push_back(customer.phoneNumber);
    }
  }
  return returnList;
}
```

```
vector<string> Customer::GetActiveCustomerEmails( )
{
  vector<string> returnList;
  for (auto &customer : Customer::registeredCustomers)
  {
    if (customer.isActive)
    {
      returnList.push_back(customer.email);
    }
  }
  return returnList;
}
```

GetActiveCustomerNames( ) 함수는 계약이 체결된 고객을 찾기 위해 registeredCustomers 벡터의 각 원소를 순회한다. 만약 고객을 찾으면 고객 이름을 뽑아내서 벡터 returnList 에 저장한다. 작업이 완료되면 returnList를 반환한다.

이제 Customer 클래스를 사용하는 main.cpp 코드를 작성하자.

```
/* Main.cpp - Step01 */
#include <iostream>
#include "Customer.h"

using namespace std;

void RegisterCustomers()
{
  int i = 0;
  bool b = false;

  // 고객 이름으로 nameList 초기화
  vector<string> nameList =
  {
    "William",
    "Aiden",
    "Rowan",
```

```
        "Jamie",
        "Quinn",
        "Haiden",
        "Logan",
        "Emerson",
        "Sherlyn",
        "Molly"
    };

    // 벡터 registeredCustomers의 모든 원소 제거
    Customer::registeredCustomers.clear();

    for (auto name : nameList)
    {
        // Customer 객체를 생성하고
        // 각 멤버 변수 값을 채운다
        Customer c;
        c.id = i++;
        c.name = name;
        c.address = "somewhere";
        c.phoneNumber = "0123";
        c.email = name + "@xyz.com";
        c.isActive = b;

        // NOT 비트 연산자를 사용해서
        // false, true를 번갈아 가며 저장함
        b = !b;

        // 생성한 Customer 객체를 벡터 registeredCustomers에 저장
        Customer::registeredCustomers.push_back(c);
    }
}

auto main() -> int
{
    cout << "[Step01]" << endl;
    cout << "--------" << endl;
```

```
    // Customer 객체를 생성하고 멤버 변수의 값을 채운 뒤,
    // registeredCustomers에 저장한다
    RegisterCustomers();

    // Customer 객체
    Customer customer;

    // 계약이 체결된 고객의 이름 목록을 구해서 콘솔에 출력
    cout << "List of active customer names:" << endl;
    vector<string> activeCustomerNames =
      customer.GetActiveCustomerNames();
    for (auto &name : activeCustomerNames)
    {
      cout << name << endl;
    }

    return 0;
}
```

main()에서는 먼저 RegisterCustomers()함수를 호출해서 고객 정보를 등록한다. RegisterCustomers() 함수 내부에서는 Customer 클래스의 static 멤버 registered Customers에 몇 개의 고객 정보를 등록한다. 그런 다음 Customer 객체를 통해 GetActive CustomerNames() 멤버 함수를 호출한다. 이 함수는 계약이 체결된 고객 이름 목록을 반환하고 이 값은 activeCustomerNames 벡터에 저장된다. 마지막으로 벡터를 순회하면서 고객 이름을 출력한다.

```
Command Prompt                                       —    □    ×
[Step01]
--------
List of active customer names:
Aiden
Jamie
Haiden
Emerson
Molly
```

RegisterCustomer( )에서는 총 10 명의 고객 정보를 등록하면서 NOT 비트 연산자를 사용해 5명의 고객만 계약이 체결된 것으로, 즉 isActive를 true로 등록한다. 따라서 모든 고객 이름이 출력되지는 않았다. 이 코드를 활용해서 추가적으로 고객 주소, 전화 번호, 메일 정보를 출력할 수도 있다. 8장의 목표는 지금까지 배웠던 함수형 접근법을 적용한 프로그램을 만드는 것이다. 그럼 본격적으로 어떻게 이 코드를 함수형 코드로 변환하는지 알아보자.

▌ 명령형 클래스를 함수형 클래스로 변환(Steop02 ~ 06)

앞에서 만든 Customer 클래스는 결과에서 볼 수 있듯이 이상 없이 잘 동작한다. 그렇지만 함수형 클래스로 변환해서 코드를 더 개선할 수 있다. 함수형 클래스를 만들려면 순수 함수, 일급 함수, 고차 함수, 메모이제이션 등의 구현이 필요하다. 이번 단원에서는 Customer 클래스를 함수형 클래스로 변경하면서 지금까지 배운 지식을 활용한다. 먼저 일급 함수부터 시작하자.

매개변수에 함수 전달(Step02)

2장에서 배운 것처럼 일급 함수는 다른 함수에 매개변수로 전달 가능한 함수를 말한다. 우선 4개의 Customer 클래스 멤버 함수 정의를 단순하게 해서 GetActiveCustomerByFunctionField( )라는 새로운 함수에 전달 가능하도록 한다. GetActiveCustomerByField( )는 실행할 함수를 선택하는 용도로 사용한다. 개선된 Customer 클래스의 헤더 파일을 보자.

```
/* Customer.h - Step02 */
#ifndef __CUSTOMER_H__
#define __CUSTOMER_H__

#include <string>
```

```
#include <vector>
#include <functional>

class Customer
{
  private:
    std::string GetActiveCustomerNames(
      Customer customer) const;
    std::string GetActiveCustomerAddresses(
      Customer customer) const;
    std::string GetActiveCustomerPhoneNumbers(
      Customer customer) const;
    std::string GetActiveCustomerEmails(
      Customer customer) const;

  public:
    static std::vector<Customer> registeredCustomers;
    int id = 0;
    std::string name;
    std::string address;
    std::string phoneNumber;
    std::string email;
    bool isActive = true;

    std::vector<std::string> GetActiveCustomerByField(
      const std::string &field);

    std::vector<std::string> GetActiveCustomerByFunctionField(
      std::function<std::string(const Customer&, Customer)>
      funcField);
};
#endif //#ifndef __CUSTOMER_H__
```

기존의 멤버 함수의 접근 지시자가 public에서 private으로 변경됐고 함수 서명도 수정
됐다. 그리고 새로운 public 멤버 함수 GetActiveCustomerByFunctionField( )는 name,
address 등 속성 중 하나의 목록이 필요할 때 호출된다. 이제 각 함수를 구현해보자.

```
/* Customer.cpp - Step02 */
#include <stdexcept>
#include "Customer.h"

using namespace std;

vector<Customer> Customer::registeredCustomers;

string Customer::GetActiveCustomerNames(
  Customer customer) const
  {
    return customer.name;
  }

string Customer::GetActiveCustomerAddresses(
  Customer customer) const
  {
    return customer.address;
  }

string Customer::GetActiveCustomerPhoneNumbers(
  Customer customer) const
  {
    return customer.phoneNumber;
  }

string Customer::GetActiveCustomerEmails(
  Customer customer) const
  {
    return customer.email;
  }

vector<string> Customer::GetActiveCustomerByFunctionField(
  function<string(const Customer&, Customer)> funcField)
  {
    vector<string> returnList;

    Customer c;
```

```
  for (auto customer : Customer::registeredCustomers)
  {
    if (customer.isActive)
    {
      returnList.push_back(
        funcField(c, customer));
    }
  }
  return returnList;
}


vector<string> Customer::GetActiveCustomerByField(
  const string &field)
{
function<string(const Customer&, Customer)> funct;

if (field == "name")
{
  funct = &Customer::GetActiveCustomerNames;
}
else if (field == "address")
{
  funct = &Customer::GetActiveCustomerAddresses;
}
else if (field == "phoneNumber")
{
  funct = &Customer::GetActiveCustomerPhoneNumbers;
}
else if (field == "email")
{
  funct = &Customer::GetActiveCustomerEmails;
}
else
{
  throw invalid_argument("Unknown field");
}

  return GetActiveCustomerByFunctionField(funct);
}
```

Step01과 비교하면 클래스 멤버 함수인 GetActiveCustomerNames( ), GetActiveCustomer Addresses( ), GetActiveCustomerPhoneNumbers( ), GetActiveCustomerEmails( )는 모두 코드 한 줄만 포함하고 있기 때문에 더 간결해졌다. 대신 클래스의 private 속성 중 하나의 목록을 얻기 위해 필요한 함수를 선택하는 처리가 필요하다. GetActiveCustomerByField( ) 가 이 역할을 담당하며, 선택된 함수는 일급 함수로서 GetActiveCustomerByFunctionField( )에 전달된다. 계속해서 Main.cpp 코드를 보자.

```cpp
/* Main.cpp - Step02 */
#include <iostream>
#include "Customer.h"

using namespace std;

void RegisterCustomers()
{
  int i = 0;
  bool b = false;

  // 고객 이름으로 nameList 초기화
  vector<string> nameList =
  {
    "William",
    "Aiden",
    "Rowan",
    "Jamie",
    "Quinn",
    "Haiden",
    "Logan",
    "Emerson",
    "Sherlyn",
    "Molly"
  };

  // 벡터 registeredCustomers의 모든 원소 제거
```

```
    Customer::registeredCustomers.clear();
    for (auto name : nameList)
    {
        // Customer 객체를 생성하고
        // 각 멤버 변수 값을 채운다
        Customer c;
        c.id = i++;
        c.name = name;
        c.address = "somewhere";
        c.phoneNumber = "0123";
        c.email = name + "@xyz.com";
        c.isActive = b;

        // NOT 비트 연산자를 사용해서
        // false, true를 번갈아 가며 저장함
        b = !b;

        // 생성한 Customer 객체를 벡터 registeredCustomers에 저장
        Customer::registeredCustomers.push_back(c);
    }
}

auto main() -> int
{
    cout << "[Step02]" << endl;
    cout << "--------" << endl;

    // Customer 객체를 생성하고 멤버 변수의 값을 채운 뒤,
    // registeredCustomers에 저장한다
    RegisterCustomers();

    // Customer 객체
    Customer customer;

    // 계약이 체결된 고객의 이름 목록을 구해서 콘솔에 출력
    cout << "List of active customer names:" << endl;
    vector<string> activeCustomerNames =
```

```
      customer.GetActiveCustomerByField("name");
  for (auto &name : activeCustomerNames)
  {
    cout << name << endl;
  }

  return 0;
}
```

main.cpp에서는 Step01에서 호출한 GetActiveCustomerNames( ) 대신 GetActiveCustomer
ByField( ) 함수를 호출한다. 이 함수에 원하는 목록의 멤버 변수 이름을 전달하면 해당 목
록을 얻기 위한 적절한 함수를 호출해준다. 예제 코드에서는 name을 전달했기 때문에 고
객 이름 목록을 얻어온다. 코드 실행 결과는 Step01의 실행 결과와 동일하다.

```
Command Prompt                                              —    □    ×
[Step02]
--------
List of active customer names:
Aiden
Jamie
Haiden
Emerson
Molly
```

Step02 역시 실행하는 데 아무 문제가 없다. 하지만 만약 클래스에 새로운 속성을 몇 개
추가하고 이 속성에 대한 목록을 얻어야 한다고 하자. 현재 구조로는 GetActiveCustomer
ByField( ) 함수에 추가된 속성만큼 else if 문도 더해줘야 한다. 이번에는 이 문제를 해
결해 보자.

기본 클래스 만들기(Step03)

클래스에 새로운 속성이 추가됐을 때도 목록을 쉽게 얻어오려면 가상 함수를 포함하는 기
본 클래스를 만든 뒤, 기본 클래스를 상속받는 새로운 클래스를 만드는 것이 좋다. 이렇게

하면 기본 클래스의 가상 함수를 재정의해서 필요한 코드를 구현할 수 있다. 여기서는 기본 클래스를 템플릿으로 디자인할 것이므로 템플릿 메타프로그래밍의 강력함도 얻을 수 있다. 기본 클래스는 다음과 같이 선언한다.

```cpp
template<typename T, typename U>
class BaseClass
{
  public:
    virtual U InvokeFunction(
      const std::shared_ptr<T>&) = 0;
};
```

이 베이스 클래스를 상속받는 네 개의 클래스를 선언한다. 각 클래스는 네 개의 멤버 함수에 대응한다.

```cpp
class CustomerName :
  public BaseClass<Customer, std::string>
  {
    public:
      virtual std::string InvokeFunction(
        const std::shared_ptr<Customer> &customer)
      {
          return customer->name;
      }
  };

class CustomerAddress :
  public BaseClass<Customer, std::string>
  {
    public:
      virtual std::string InvokeFunction(
        const std::shared_ptr<Customer> &customer)
        {
          return customer->address;
```

```cpp
        }
    };

    class CustomerPhoneNumber :
      public BaseClass<Customer, std::string>
      {
        public:
          virtual std::string InvokeFunction(
            const std::shared_ptr<Customer> &customer)
            {
              return customer->phoneNumber;
            }
      };

    class CustomerEmail :
      public BaseClass<Customer, std::string>
      {
        public:
          virtual std::string InvokeFunction(
            const std::shared_ptr<Customer> &customer)
            {
              return customer->email;
            }
      };
```

그리고 GetActiveCustomerByFunctionField( ) 함수의 매개변수 타입도 수정한다. 수정된 함수 서명은 다음과 같다.

```cpp
    template<typename T>
    static std::vector<T> GetActiveCustomerByFunctionField(
      const std::shared_ptr<BaseClass<Customer, T>>
        &classField);
```

완전한 클래스 헤더 전체 코드를 보자.

```
/* Customer.h - Step03 */
#ifndef __CUSTOMER_H__
#define __CUSTOMER_H__

#include <string>
#include <vector>
#include <memory>

class Customer
{
  private:
    template<typename T, typename U>
    class BaseClass
    {
      public:
        virtual U InvokeFunction(
          const std::shared_ptr<T>&) = 0;
    };

    class CustomerName :
      public BaseClass<Customer, std::string>
      {
        public:
          virtual std::string InvokeFunction(
            const std::shared_ptr<Customer> &customer)
            {
              return customer->name;
            }
      };

    class CustomerAddress :
      public BaseClass<Customer, std::string>
      {
        public:
          virtual std::string InvokeFunction(
```

```cpp
        const std::shared_ptr<Customer> &customer)
        {
          return customer->address;
        }
  };

class CustomerPhoneNumber :
  public BaseClass<Customer, std::string>
  {
    public:
      virtual std::string InvokeFunction(
        const std::shared_ptr<Customer> &customer)
        {
          return customer->phoneNumber;
        }
  };

class CustomerEmail :
  public BaseClass<Customer, std::string>
  {
    public:
      virtual std::string InvokeFunction(
        const std::shared_ptr<Customer> &customer)
        {
          return customer->email;
        }
  };

public:
  static std::vector<Customer> registeredCustomers;
  int id = 0;
  std::string name;
  std::string address;
  std::string phoneNumber;
  std::string email;
  bool isActive = true;

  static std::vector<std::string> GetActiveCustomerNames();
```

```
static std::vector<std::string> GetActiveCustomerAddresses();
static std::vector<std::string> GetActiveCustomerPhoneNumbers();
static std::vector<std::string> GetActiveCustomerEmails();

template<typename T>
static std::vector<T> GetActiveCustomerByFunctionField(
  const std::shared_ptr<BaseClass<Customer, T>>
  &classField);
};
#endif // __CUSTOMER_H__
```

각 클래스의 함수 이름은 동일하지만 서로 다른 작업을 처리한다. 이 함수는 클래스 이름으로 구분된다. GetActiveCustomerByFunctionField() 함수의 매개변수는 이제 BaseClass 타입의 shared_ptr를 받기 때문에 구현 코드도 수정해줘야 한다. 이렇게 클래스 자체를 전달하면 내부의 필요한 함수를 호출하기도 편하다. GetActiveCustomerByFunctionField() 구현은 다음처럼 수정한다.

```
template<typename T>
vector<T> Customer::GetActiveCustomerByFunctionField(
  const shared_ptr<BaseClass<Customer, T>> &classField)
  {
    vector<T> returnList;
    for (auto &customer : Customer::registeredCustomers)
    {
      if (customer.isActive)
      {
        returnList.push_back(
          classField->InvokeFunction(
            make_shared<Customer>(customer)));
      }
    }
    return returnList;
  }
```

코드에서 볼 수 있듯이 전달된 클래스, 즉 classField의 함수를 실행한다. 네 개의 클래스 모두 BaseClass를 상속받기 때문에 전달된 실제 인스턴스의 InvokeFunction( )이 실행된다.

이제 헤더 파일에 선언한 public 함수를 구현하자. 이 함수는 GetActiveCustomerByFunctionField( )를 호출하면서 각 클래스의 shared_ptr도 전달한다. 구현 코드는 다음과 같다.

```cpp
vector<string> Customer::GetActiveCustomerNames()
{
  return Customer::GetActiveCustomerByFunctionField<string>(
    make_shared<CustomerName>());
}

vector<string> Customer::GetActiveCustomerAddresses()
{
  return Customer::GetActiveCustomerByFunctionField<string>(
    make_shared<CustomerAddress>());
}

vector<string> Customer::GetActiveCustomerPhoneNumbers()
{
  return Customer::GetActiveCustomerByFunctionField<string>(
    make_shared<CustomerPhoneNumber>());
}

vector<string> Customer::GetActiveCustomerEmails()
{
  return Customer::GetActiveCustomerByFunctionField<string>(
    make_shared<CustomerEmail>());
}
```

다음 Customer.cpp에 전체 구현 코드가 나와있다.

```cpp
/* Customer.cpp - Step03 */
#include "Customer.h"

using namespace std;

vector<Customer> Customer::registeredCustomers;

vector<string> Customer::GetActiveCustomerNames()
{
  return Customer::GetActiveCustomerByFunctionField<string>(
    make_shared<CustomerName>());
}

vector<string> Customer::GetActiveCustomerAddresses()
{
  return Customer::GetActiveCustomerByFunctionField<string>(
    make_shared<CustomerAddress>());
}

vector<string> Customer::GetActiveCustomerPhoneNumbers()
{
  return Customer::GetActiveCustomerByFunctionField<string>(
    make_shared<CustomerPhoneNumber>());
}

vector<string> Customer::GetActiveCustomerEmails()
{
  return Customer::GetActiveCustomerByFunctionField<string>(
    make_shared<CustomerEmail>());
}

template<typename T>
vector<T> Customer::GetActiveCustomerByFunctionField(
const shared_ptr<BaseClass<Customer, T>> &classField)
{
```

```
      vector<T> returnList;
      for (auto &customer : Customer::registeredCustomers)
      {
        if (customer.isActive)
        {
          returnList.push_back(
            classField->InvokeFunction(
              make_shared<Customer>(customer)));
        }
      }
      return returnList;
    }
```

개선된 Customer.h와 Customer.cpp 코드를 사용하면, 더 쉽게 필요한 속성 목록을 가져올 수 있다. 예를 들어 계약을 체결한 고객의 이름 목록을 가져오고 싶다면 GetActiveCustomerNames() 함수를 직접 호출하면 된다. 개선된 Customer 클래스를 사용하는 main.cpp 코드를 보자.

```
/* Main.cpp - Step03 */
#include <iostream>
#include "Customer.h"

using namespace std;

void RegisterCustomers()
{
  int i = 0;
  bool b = false;

  // 고객 이름으로 nameList 초기화
  vector<string> nameList =
  {
    "William",
    "Aiden",
    "Rowan",
```

```
    "Jamie",
    "Quinn",
    "Haiden",
    "Logan",
    "Emerson",
    "Sherlyn",
    "Molly"
};

// 벡터 registeredCustomers의 모든 원소 제거
Customer::registeredCustomers.clear();

for (auto name : nameList)
{
    // Customer 객체를 생성하고
    // 각 멤버 변수 값을 채운다
    Customer c;
    c.id = i++;
    c.name = name;
    c.address = "somewhere";
    c.phoneNumber = "0123";
    c.email = name + "@xyz.com";
    c.isActive = b;

    // NOT 비트 연산자를 사용해서
    // false, true를 번갈아 가며 저장함
    b = !b;

    // 생성한 Customer 객체를 벡터 registeredCustomers에 저장
    Customer::registeredCustomers.push_back(c);
  }
}

auto main() -> int
{
  cout << "[Step03]" << endl;
  cout << "--------" << endl;
```

```cpp
    // Customer 객체를 생성하고 멤버 변수의 값을 채운 뒤,
    // registeredCustomers에 저장한다
    RegisterCustomers();

    // Customer 객체
    Customer customer;

    // 계약이 체결된 고객의 이름 목록을 구해서 콘솔에 출력
    cout << "List of active customer names:" << endl;
    vector<string> activeCustomerNames =
      customer.GetActiveCustomerNames();
    for (auto &name : activeCustomerNames)
    {
      cout << name << endl;
    }

    return 0;
  }
```

코드 실행 결과를 보자.

Step01, Step02와 동일한 결과를 보여주며 아무 이상 없이 동작한다. 이번에는 Customer 클래스가 순수 함수를 갖도록 개선할 것이다.

순수 함수를 가지도록 개선(Step04)

2장에서 배운 것처럼 함수형 프로그래밍에서는 부작용을 피하기 위해 순수 함수를 사용해야 한다. 앞의 코드에서 GetActiveCustomerByFunctionField() 함수를 다시 보자. 함수 내에서 registeredCustomers 정적 멤버, 즉 전역 변수를 순회하고 있다. 전역 변수를 사용하는 함수는 같은 입력에 대해 다른 출력 결과를 반환할 수 있다.

전역 변수를 사용하지 않도록 함수 정의를 다음처럼 수정했다.

```cpp
template<typename T>
vector<T> Customer::GetActiveCustomerByFunctionField(
  vector<Customer> customers,
  const shared_ptr<BaseClass<Customer, T>>
    &classField)
  {
    vector<T> returnList;
    for (auto &customer : customers)
    {
      if (customer.isActive)
      {
        returnList.push_back(
          classField->InvokeFunction(
          make_shared<Customer>(customer)));
      }
    }
    return returnList;
  }
```

더 이상 registeredCustomers를 사용하지 않고, 대신 고객 리스트인 vector<Customer> customers를 함수의 매개변수로 전달한다. 함수 내에서는 전달된 customers를 순회하며 isActive가 true인 원소를 찾는다. 함수 정의를 수정했으므로 Customer.h에서 함수 서명도 같이 변경한다.

```
template<typename T>
static std::vector<T> GetActiveCustomerByFunctionField(
  std::vector<Customer> customers,
  const std::shared_ptr<BaseClass<Customer, T>>
    &classField);
```

그런데 GetActiveCustomerByFunctionField( )는 Customer 클래스의 다른 함수가 호출한다. 따라서 GetActiveCustomerByFunctionField( )에 추가된 매개변수를 넘겨주도록 호출하는 함수 역시 수정이 필요하다.

```
vector<string> Customer::GetActiveCustomerNames(
  vector<Customer> customers)
  {
    return Customer::GetActiveCustomerByFunctionField<string>(
    customers,
    make_shared<CustomerName>( ));
  }

vector<string> Customer::GetActiveCustomerAddresses(
  vector<Customer> customer)
  {
    return Customer::GetActiveCustomerByFunctionField<string>(
    customer,
    make_shared<CustomerAddress>( ));
  }

vector<string> Customer::GetActiveCustomerPhoneNumbers(
  vector<Customer> customer)
  {
    return Customer::GetActiveCustomerByFunctionField<string>(
    customer,
    make_shared<CustomerPhoneNumber>( ));
  }

vector<string> Customer::GetActiveCustomerEmails(
```

```
  vector<Customer> customer)
{
  return Customer::GetActiveCustomerByFunctionField<string>(
  customer,
  make_shared<CustomerEmail>());
}
```

매개변수가 추가됐으므로 Customer.h에서 함수 서명도 같이 변경한다.

```
static std::vector<std::string> GetActiveCustomerNames(
  std::vector<Customer> customer);
static std::vector<std::string> GetActiveCustomerAddresses(
  std::vector<Customer> customer);
static std::vector<std::string> GetActiveCustomerPhoneNumbers(
  std::vector<Customer> customer);
static std::vector<std::string> GetActiveCustomerEmails(
  std::vector<Customer> customer);
```

Customer 클래스 헤더 파일의 전체 코드는 다음과 같다.

```
/* Customer.h - Step04 */
#ifndef __CUSTOMER_H__
#define __CUSTOMER_H__

#include <string>
#include <vector>
#include <memory>

class Customer
{
  private:
    template<typename T, typename U>
    class BaseClass
    {
      public:
```

```cpp
      virtual U InvokeFunction(
        const std::shared_ptr<T>&) = 0;
  };

  class CustomerName :
    public BaseClass<Customer, std::string>
    {
      public:
        virtual std::string InvokeFunction(
          const std::shared_ptr<Customer> &customer)
          {
            return customer->name;
          }
    };

  class CustomerAddress :
    public BaseClass<Customer, std::string>
    {
      public:
        virtual std::string InvokeFunction(
          const std::shared_ptr<Customer> &customer)
          {
            return customer->address;
          }
};

  class CustomerPhoneNumber :
    public BaseClass<Customer, std::string>
    {
      public:
        virtual std::string InvokeFunction(
          const std::shared_ptr<Customer> &customer)
          {
            return customer->phoneNumber;
          }
    };

  class CustomerEmail :
```

```cpp
    public BaseClass<Customer, std::string>
    {
      public:
        virtual std::string InvokeFunction(
          const std::shared_ptr<Customer> &customer)
          {
            return customer->email;
          }
};

  public:
    int id = 0;
    std::string name;
    std::string address;
    std::string phoneNumber;
    std::string email;
    bool isActive = true;

  static std::vector<std::string> GetActiveCustomerNames(
    std::vector<Customer> customer);
  static std::vector<std::string> GetActiveCustomerAddresses(
    std::vector<Customer> customer);
  static std::vector<std::string> GetActiveCustomerPhoneNumbers(
    std::vector<Customer> customer);
  static std::vector<std::string> GetActiveCustomerEmails(
    std::vector<Customer> customer);

  template<typename T>
  static std::vector<T> GetActiveCustomerByFunctionField(
    std::vector<Customer> customers,
    const std::shared_ptr<BaseClass<Customer, T>>
      &classField);
};
#endif // __CUSTOMER_H__
```

계속해서 다음은 Customer 클래스의 전체 구현 코드다.

```cpp
/* Customer.cpp - Step04 */
#include "Customer.h"

using namespace std;

vector<string> Customer::GetActiveCustomerNames(
  vector<Customer> customers)
  {
    return Customer::GetActiveCustomerByFunctionField<string>(
    customers,
    make_shared<CustomerName>());
  }

vector<string> Customer::GetActiveCustomerAddresses(
  vector<Customer> customer)
  {
    return Customer::GetActiveCustomerByFunctionField<string>(
      customer,
    make_shared<CustomerAddress>());
  }

vector<string> Customer::GetActiveCustomerPhoneNumbers(
  vector<Customer> customer)
  {
    return Customer::GetActiveCustomerByFunctionField<string>(
      customer,
    make_shared<CustomerPhoneNumber>());
  }

vector<string> Customer::GetActiveCustomerEmails(
  vector<Customer> customer)
  {
    return Customer::GetActiveCustomerByFunctionField<string>(
      customer,
    make_shared<CustomerEmail>());
```

```
      }

   template<typename T>
   vector<T> Customer::GetActiveCustomerByFunctionField(
     vector<Customer> customers,
     const shared_ptr<BaseClass<Customer, T>>
       &classField)
     {
       vector<T> returnList;
       for (auto &customer : customers)
       {
         if (customer.isActive)
         {
           returnList.push_back(
             classField->InvokeFunction(
             make_shared<Customer>(customer)));
         }
       }
       return returnList;
     }
```

Customer 클래스가 변경됐고 registeredCustomer 멤버도 제거됐으므로, main.cpp의
RegisterCustomers( )도 수정이 필요하다. 지금까지는 RegisterCustomers( )가 전역 변
수를 사용했기 때문에 반환 값이 필요 없었지만, 이제는 고객 목록을 반환해줘야 한다. 변
경된 RegisterCustomers( )를 사용하도록 main( ) 함수도 약간 수정됐다. Main.cpp 전체
코드를 보자.

```
/* Main.cpp - Step04 */
#include <iostream>
#include "Customer.h"

using namespace std;

vector<Customer> RegisterCustomers( )
```

```cpp
{
    int i = 0;
    bool b = false;

    vector<Customer> returnValue;

    // 고객 이름으로 nameList 초기화
    vector<string> nameList =
    {
        "William",
        "Aiden",
        "Rowan",
        "Jamie",
        "Quinn",
        "Haiden",
        "Logan",
        "Emerson",
        "Sherlyn",
        "Molly"
    };

    for (auto name : nameList)
    {
        // Customer 객체를 생성하고
        // 각 멤버 변수 값을 채운다
        Customer c;
        c.id = i++;
        c.name = name;
        c.address = "somewhere";
        c.phoneNumber = "0123";
        c.email = name + "@xyz.com";
        c.isActive = b;

        // NOT 비트 연산자를 사용해서
        // false, true를 번갈아 가며 저장함
        b = !b;
```

```
        // 생성한 Customer 객체를 벡터 returnValue에 저장
        returnValue.push_back(c);
    }

    return returnValue;
}

auto main() -> int
{
    cout << "[Step04]" << endl;
    cout << "--------" << endl;

    // Customer 객체
    Customer customer;

    // 계약이 체결된 고객의 이름 목록을 구해서 콘솔에 출력
    cout << "List of active customer names:" << endl;
    vector<string> activeCustomerNames =
        customer.GetActiveCustomerNames(
            RegisterCustomers());
    for (auto name : activeCustomerNames)
    {
        cout << name << endl;
    }

    return 0;
}
```

main() 함수에서 GetActiveCustomerNames()을 호출할 때 RegisterCustomers() 반환 값을 인수로 전달하고 있다. 코드를 실행하고 출력 결과를 보자.

```
[Step04]
--------
List of active customer names:
Aiden
Jamie
Haiden
Emerson
Molly
```

실행 결과는 앞의 예제 코드와 동일하지만 순수 함수를 적용해 더 함수형 코드에 가까워졌다. 계속해서 다음에는 필터링 처리를 쉽게 하기 위해 람다 표현식을 코드에 적용해 본다.

람다 표현식으로 조건 필터링(Step05)

GetActiveCustomerByFunctionField( ) 함수에는 고객의 계약 체결 여부를 확인하기 위한 if 조건문이 있다. 2장에서 배운 것처럼 copy_if( )를 사용해서 조건을 필터링할 수 있다. copy_if( )로 다음처럼 코드를 수정했다.

```
template<typename T>
vector<T> Customer::GetActiveCustomerByFunctionField(
  vector<Customer> customers,
  const shared_ptr<BaseClass<Customer, T>>
    &classField)
  {
    vector<Customer> activeCustomers;
    vector<T> returnList;

    copy_if(
      customers.begin(),
      customers.end(),
      back_inserter(activeCustomers),
      [](Customer customer)
      {
       if (customer.isActive)
          return true;
```

```
        else
            return false;
    });

    for (auto &customer : customers)
     {
        if (customer.isActive)
        {
            returnList.push_back(
            classField->InvokeFunction(
            make_shared<Customer>(customer))
         }
     }

    return returnList;
}
```

이 코드에서는 람다 표현식을 사용해서 고객의 계약 체결 여부를 확인한다. 개선할 부분이 하나 더 있는데, 범위 기반 for 루프를 for_each로 바꾸고 activeCustomers를 사용하도록 수정한다.

```
template<typename T>
vector<T> Customer::GetActiveCustomerByFunctionField(
  vector<Customer> customers,
  const shared_ptr<BaseClass<Customer, T>>
    &classField)
   {
     vector<Customer> activeCustomers;
     vector<T> returnList;

     copy_if(
       customers.begin(),
       customers.end(),
       back_inserter(activeCustomers),
       [](Customer customer)
```

```
  {
    if (customer.isActive)
      return true;
    else
      return false;
  });

  for_each(
    activeCustomers.begin(),
    activeCustomers.end(),
    [&returnList, &classField](Customer customer)
    {
      returnList.push_back(
      classField->InvokeFunction(
        make_shared<Customer>(customer))
        );
    });

  return returnList;
}
```

이번에는 람다 표현식으로 필터링을 구현한 CountActiveCustomers() 함수를 Customers 클래스에 추가한다. 이 함수는 계약된 고객이 몇 명인지를 계산한다. 코드는 다음과 같다.

```
int Customer::CountActiveCustomers(
  vector<Customer> customer)
{
  int add = 0;

  for (auto cust : customer)
  {
    // 계약된 고객이라면 add를 1만큼 증가한다
    if (cust.isActive)
      ++add;
  }
```

```
        return add;
    }
```

다음은 수정된 Customer.cpp 전체 코드다.

```cpp
/* Customer.cpp - Step05 */
#include <algorithm>
#include "Customer.h"

using namespace std;

vector<string> Customer::GetActiveCustomerNames(
  vector<Customer> customers)
  {
    return Customer::GetActiveCustomerByFunctionField<string>(
      customers,
    make_shared<CustomerName>());
  }

vector<string> Customer::GetActiveCustomerAddresses(
  vector<Customer> customer)
  {
    return Customer::GetActiveCustomerByFunctionField<string>(
      customer,
    make_shared<CustomerAddress>());
  }

vector<string> Customer::GetActiveCustomerPhoneNumbers(
  vector<Customer> customer)
  {
    return Customer::GetActiveCustomerByFunctionField<string>(
      customer,
    make_shared<CustomerPhoneNumber>());
  }

vector<string> Customer::GetActiveCustomerEmails(
  vector<Customer> customer)
```

```
  {
    return Customer::GetActiveCustomerByFunctionField<string>(
      customer,
    make_shared<CustomerEmail>( ));
  }

int Customer::CountActiveCustomers(
  vector<Customer> customer)
  {
    int add = 0;

    for (auto cust : customer)
    {
      // 계약된 고객이라면 add를 1만큼 증가한다
      if (cust.isActive)
        ++add;
    }

  return add;
}

template<typename T>
vector<T> Customer::GetActiveCustomerByFunctionField(
  vector<Customer> customers,
  const shared_ptr<BaseClass<Customer, T>>
    &classField)
    {
      vector<Customer> activeCustomers;
      vector<T> returnList;

      copy_if(
        customers.begin( ),
        customers.end( ),
        back_inserter(activeCustomers),
        [](Customer customer)
        {
          if (customer.isActive)
            return true;
```

```
        else
            return false;
    });

    for_each(
        activeCustomers.begin(),
        activeCustomers.end(),
        [&returnList, &classField](Customer customer)
        {
            returnList.push_back(
                classField->InvokeFunction(
                    make_shared<Customer>(customer))
            );
        });

    return returnList;
}
```

새로운 함수가 추가됐으므로 Customer.h 파일도 수정해야 하는 걸 잊지 말자.

Customer.h 전체 코드를 보자.

```
/* Customer.h - Step05 */
#ifndef __CUSTOMER_H__
#define __CUSTOMER_H__

#include <string>
#include <vector>
#include <memory>

class Customer
{
  private:
    template<typename T, typename U>
    class BaseClass
    {
      public:
```

```cpp
    virtual U InvokeFunction(
      const std::shared_ptr<T>&) = 0;
  };


class CustomerName :
  public BaseClass<Customer, std::string>
  {
    public:
      virtual std::string InvokeFunction(
        const std::shared_ptr<Customer> &customer)
        {
          return customer->name;
        }
  };


class CustomerAddress :
  public BaseClass<Customer, std::string>
  {
    public:
      virtual std::string InvokeFunction(
        const std::shared_ptr<Customer> &customer)
        {
          return customer->address;
        }
  };


class CustomerPhoneNumber :
  public BaseClass<Customer, std::string>
  {
    public:
      virtual std::string InvokeFunction(
        const std::shared_ptr<Customer> &customer)
        {
          return customer->phoneNumber;
        }
  };
```

344

```cpp
  class CustomerEmail :
    public BaseClass<Customer, std::string>
    {
      public:
        virtual std::string InvokeFunction(
          const std::shared_ptr<Customer> &customer)
          {
            return customer->email;
          }
    };

public:
  int id = 0;
  std::string name;
  std::string address;
  std::string phoneNumber;
  std::string email;
  bool isActive = true;

  static std::vector<std::string> GetActiveCustomerNames(
    std::vector<Customer> customer);
  static std::vector<std::string> GetActiveCustomerAddresses(
    std::vector<Customer> customer);
  static std::vector<std::string> GetActiveCustomerPhoneNumbers(
    std::vector<Customer> customer);
  static std::vector<std::string> GetActiveCustomerEmails(
    std::vector<Customer> customer);

  static int CountActiveCustomers(
    std::vector<Customer> customer);

  template<typename T>
  static std::vector<T> GetActiveCustomerByFunctionField(
    std::vector<Customer> customers,
    const std::shared_ptr<BaseClass<Customer, T>>
        &classField);
};
#endif // __CUSTOMER_H__
```

이제 main( ) 함수에 CountActiveCustomers( ) 호출을 추가한다.

```cpp
/* Main.cpp - Step05 */
#include <iostream>
#include <chrono>
#include "Customer.h"

using namespace std;

vector<Customer> RegisterCustomers()
{
  int i = 0;
  bool b = false;

  vector<Customer> returnValue;

  // 고객 이름으로 nameList 초기화
  vector<string> nameList =
  {
    "William",
    "Aiden",
    "Rowan",
    "Jamie",
    "Quinn",
    "Haiden",
    "Logan",
    "Emerson",
    "Sherlyn",
    "Molly"
  };

  for (auto name : nameList)
  {
    // Customer 객체를 생성하고
    // 각 멤버 변수 값을 채운다
    Customer c;
    c.id = i++;
```

```cpp
    c.name = name;
    c.address = "somewhere";
    c.phoneNumber = "0123";
    c.email = name + "@xyz.com";
    c.isActive = b;

    // NOT 비트 연산자를 사용해서
    // false, true를 번갈아 가며 저장함
    b = !b;

    // 생성한 Customer 객체를 벡터 returnValue에 저장
    returnValue.push_back(c);
  }

  return returnValue;
}

auto main() -> int
{
  cout << "[Step05]" << endl;
  cout << "--------" << endl;

  // 프로그램 시작 시간을 저장
  auto start = chrono::high_resolution_clock::now();

  // Customer 객체
  Customer customer;

  // 계약이 체결된 고객 수를 계산함
  cout << "Total active customers: " << endl;
  cout << customer.CountActiveCustomers(
    RegisterCustomers());
  cout << endl << "--------" << endl;

  // 계약이 체결된 고객의 이름 목록을 구해서 콘솔에 출력
  cout << "List of active customer names:" << endl;
  vector<string> activeCustomerNames =
```

```
    customer.GetActiveCustomerNames(
      RegisterCustomers());
  for (auto name : activeCustomerNames)
  {
    cout << name << endl;
  }

  // 프로그램 종료 시간을 저장
  auto finish = chrono::high_resolution_clock::now();

  // 프로그램 실행 시간 계산
  chrono::duration<double, milli> elapsed = finish - start;

  // 프로그램 실행 시간 출력
  cout << "--------" << endl;
  cout << "Total consuming time = ";
  cout << elapsed.count() << " milliseconds" << endl;

  return 0;
}
```

코드에서 볼 수 있듯이 CountActiveCustomers() 함수를 호출할 때 RegisterCustomers() 의 반환 값을 인수로 전달했다. 또 프로그램이 실행되는데 걸린 시간을 측정하기 위한 코드도 몇 줄 추가됐다. 실행 결과를 확인하자.

```
[Step05]
--------
Total active customers:
5
--------
List of active customer names:
Aiden
Jamie
Haiden
Emerson
Molly
--------
Total consuming time = 0.997 milliseconds
```

프로그램이 시작하고 완료될 때까지 걸린 실행 시간은 약 0.997밀리초다. 재귀와 메모이제이션을 사용하면 이 코드가 더 빨리 실행되도록 최적화할 수 있다.

 사실 간단히 activeCustomerNames.size() 함수를 사용해서 계약이 이뤄진 고객의 수를 구할 수도 있다.

```
vector<string> activeCustomerNames =
    customer.GetActiveCustomerNames(
        RegisterCustomers());
auto count = activeCustomerNames.size();
```

그렇지만 이 코드는 for 루프를 재귀로 변환해서 실행 속도를 향상시키는 방법을 보여주기 위한 예제로 사용될 것이므로 일부러 size() 멤버 함수를 쓰지 않았다.

Customer 클래스에 재귀와 메모이제이션 적용(Step06)

Step05의 CountActiveCustomers() 함수 구현을 보면 계약된 고객 수를 구하기 위해 for 루프를 사용하고 있다. 이런 코드는 재귀를 적용해서 다시 작성할 수 있다. CountActiveCustomers()를 재귀 방식으로 수정해보자.

```
int Customer::CountActiveCustomers(
  vector<Customer> customer)
  {
    if (customer.empty())
      return 0;
    else
    {
      // 벡터 customer의 맨 앞 원소의 isActive 값에
      // 따라 add 변수 초기화
      int add = customer.front().isActive ? 1 : 0;

      // 벡터의 첫번째 요소 제거
```

```
    customer.erase(customer.begin());

    // 재귀 실행
    return add + CountActiveCustomers(
      customer);
  }
}
```

이제 CountActiveCustomers() 함수는 for 루프 대신 재귀를 사용한다. 벡터 customer에
서 계약된 고객, 즉 isActive가 true인 요소가 발견되면 add 변수를 증가한다. 그런 다음
벡터 customer에서 맨 앞의 원소를 제거한 뒤 CountActiveCustomers() 함수에 다시 전달
한다. customer가 비어 있을 때까지 이 과정을 되풀이한다.

이번에는 5장에서 다뤘던 Memoization 클래스를 적용해본다. main() 함수를 다음 코드
처럼 수정한다.

```
auto main() -> int
{
  cout << "[Step06]" << endl;
  cout << "--------" << endl;

  // 프로그램 시작 시간을 저장
  auto start = chrono::high_resolution_clock::now();

  // Customer 객체
  Customer customer;

  // 계약이 체결된 고객 수를 계산함
  cout << "Total active customers: " << endl;
  cout << customer.CountActiveCustomers(
    RegisterCustomers());
  cout << endl << "--------" << endl;
```

```cpp
// 메모이제이션 인스턴스 초기화
Memoization<vector<string>> custMemo(
  [customer]()
  {
    return customer.GetActiveCustomerNames(
      RegisterCustomers());
  });

// 계약이 체결된 고객의 이름 목록을 구해서 콘솔에 출력
cout << "List of active customer names:" << endl;
vector<string> activeCustomerNames =
  custMemo.Fetch();
for (auto name : activeCustomerNames)
{
  cout << name << endl;
}

// 프로그램 종료 시간을 저장
auto finish = chrono::high_resolution_clock::now();

// 프로그램 실행 시간 계산
chrono::duration<double, milli> elapsed = finish - start;

// 프로그램 실행 시간 출력
cout << "--------" << endl;
cout << "Total consuming time = ";
cout << elapsed.count() << " milliseconds" << endl;

return 0;
}
```

Memoization 클래스 인스턴스로 Fetch() 함수를 호출하면 결국 GetActiveCustomer Names()이 실행된다. Step06 코드의 실행 결과를 보자.

```
[Step06]
--------
Total active customers:
5
--------
List of active customer names:
Aiden
Jamie
Haiden
Emerson
Molly
--------
Total consuming time = 0.502 milliseconds
```

이번에는 실행 시간이 0.502밀리초다. **Step05** 코드의 실행 결과와 비교하면 약 2배 가까이 실행 시간이 단축됐다. 이 같이 함수형 방식을 적용하면 코드 구조도 좋아질 뿐만 속도 향상도 얻을 수 있다.

▍ 코드 디버깅

코드를 작성하고 실행하다 보면 예상과 다른 결과를 얻을 때가 종종 있다. 이런 상황은 개발 도중에 흔하게 발생한다. 문제를 해결하려면 프로그램을 한 단계씩 실행해 가며 분석하는 과정이 필요하다. 여기서는 GCC 컴파일러에 포함되어 있는 디버거 도구인 **GDB**The GNU Project Debugger을 사용한다. 이 도구를 사용하면 프로그램이 실행되는 중에 어떤 일이 내부에서 발생하는지, 그리고 프로그램이 크래시된 순간에 무슨 일을 하고 있었는지 알 수 있다. 이번에는 GDB를 사용해 문제 해결책을 찾고 적용해 보면서 작업 효율을 높이는 방법을 알아본다.

디버깅 도구 시작

먼저 분석할 실행 파일을 준비하자. 여기서는 Step01의 코드를 사용할 텐데 코드가 단순하므로 디버깅 기법에 더 집중할 수 있을 것이다. 우선 -g 옵션을 사용해 코드를 컴파일하고 customer.exe 실행 파일을 생성한다.[1] 다음 3개의 명령을 사용해서 코드를 컴파일하면 디버깅이 가능하다.

```
g++ -Wall -g -c Main.cpp -o Main.o
g++ -Wall -g -c Customer.cpp -o Customer.o
g++ Main.o Customer.o -o Customer.exe
```

 GDB는 디버깅 정보와 심볼을 포함하는 실행 파일만 분석할 수 있다. 따라서 코드 컴파일 시에 -g 옵션을 사용해야만 디버깅 정보와 심볼이 실행 파일에 추가돼 디버깅이 가능해진다.

gdb customer를 콘솔에 입력하면 디버거가 실행되고, 다음 그림처럼 customer.exe에서 디버깅 정보와 심볼을 읽는다.

---

1 Code::Blocks의 디버그 빌드는 기본으로 -g 옵션이 설정된 상태이므로, 이미 생성된 exe 파일이 있다면 이 파일을 사용해도 좋다. – 옮긴이

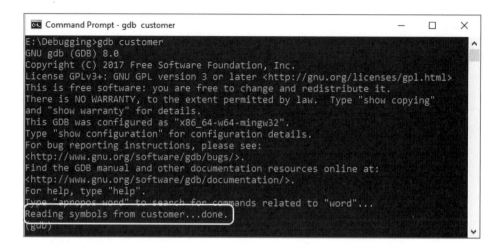

그림에서 볼 수 있듯이 customer.exe 파일에서 심볼을 읽어오는데 성공했다. 이제 콘솔에 start를 입력해서 분석 과정을 시작한다. 그러면 디버거는 main( ) 함수의 첫 번째 줄에 임시로 중단점breakpoint을 생성한다. 여기까지의 상황은 다음 그림과 같다.

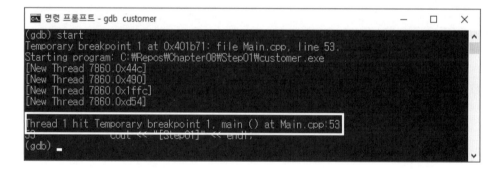

프로그램은 이제 디버깅 모드가 됐으며, 코드를 계속 실행해 보면서 내부 동작을 분석할 수 있다. 이때 코드를 단계별로 실행할지, 다음 중단점까지 실행할지 여부를 선택할 수 있다.

> 프로그램을 디버깅 모드로 만들려면 run이나 start 명령을 실행한다. run 명령은 중단점이 설정되어 있지 않으면 보통의 경우처럼 프로그램 끝까지 실행되지만, start 명령은 main( ) 함수에 자동으로 중단점을 설정하고 그 지점에서 멈춘다.

디버깅 모드에서 사용 가능한 명령

디버깅 모드에서 사용 가능한 명령은 다음 세 가지가 있다.

- continue: 프로그램이 종료될 때까지 실행을 재개resume한다. 만약 실행 도중에 중단점이 발견되면 해당 지점에서 실행이 중단된다.
- step: 프로그램을 한 단계씩 실행한다. 여기서 단계란 소스 코드 한 줄, 또는 하나의 명령instruction이 될 수 있다. 만약 함수 호출이 있다면 함수 안으로 들어가서 이 과정을 반복한다.
- next: 프로그램을 한 단계씩 실행한다. 단 step 명령과 다르게 함수 호출이 있을 때 함수 안으로 들어가지 않는다.

next 명령을 입력해 보자. 아직 중단점을 설정하지 않았기 때문에 코드의 다음 줄이 실행된다. 다음 그림처럼 코드 끝에 도달해서 프로그램이 종료될 때까지 next 명령을 여러 번 실행해보자.

```
명령 프롬프트 - gdb  customer                                    —    □    ×

72              return 0;
(gdb)
66                  customer.GetActiveCustomerNames();
(gdb)
61          Customer customer;
(gdb)
73      }
(gdb)
0x00000000004013f8 in __tmainCRTStartup ()
(gdb)
Single stepping until exit from function __tmainCRTStartup,
which has no line number information.
[Thread 7860.0xd54 exited with code 0]
[Thread 7860.0x1ffc exited with code 0]
[Inferior 1 (process 7860) exited normally]
(gdb)
```

이처럼 단계별로 코드를 실행해 가면서 프로그램을 분석할 수 있다. 계속해서 필요한 곳
에 중단점을 설정하는 방법을 알아보자.

> 💡 **TIP** GDB에서 이전에 입력한 명령을 실행하려면 단순히 Enter 키를 누르면 된다. GDB를 종료
> 하고 콘솔 명령 프롬프트로 빠져 나오려면 Q 키를 입력한다.

중단점 설정과 제거

우선 Q 키를 입력해서 GDB를 빠져나가자. 콘솔에서 gdb customer를 입력해서 다시 gdb
를 실행하고 디버깅 모드로 들어간다. 이번에는 start 명령 대신에 중단점breakpoint을 설정
해본다. GDB 콘솔에서 break 69와 break Customer.cpp:15를 각각 입력한다. 이때 출
력은 다음과 같다.

```
[*] 명령 프롬프트 - gdb  customer                              —      □      ✕
(gdb) break 69
Breakpoint 1 at 0x401c44: file Main.cpp, line 69.
(gdb) break Customer.cpp:15
Breakpoint 2 at 0x401dbd: file Customer.cpp, line 15.
(gdb)
```

Main.cpp와 Customer.cpp 두 파일에 중단점을 설정했다. 이제 GDB 콘솔에서 run 명
령을 실행하여 디버깅 모드로 들어가자.

```
[*] 명령 프롬프트 - gdb  customer                              —      □      ✕
(gdb) run
Starting program: C:\Repos\Chapter08\Step01\customer.exe
[New Thread 4172.0xfcc]
[New Thread 4172.0x988]
[New Thread 4172.0x1650]
[New Thread 4172.0xa08]
[Step01]
──────────
List of active customer names:

Thread 1 hit Breakpoint 2, Customer::GetActiveCustomerNames[abi:cxx11]()
(
    this=0x64fda0) at Customer.cpp:15
15                                      returnList.push_back(customer.name);
(gdb)
```

GetActiveCustomerNames( ) 함수가 호출되면서 Customer.cpp 파일 15번째 줄에 설정한
중단점에 다다르면 코드 실행이 중단된다. 이제 두 번째 중단점인 Main.cpp의 69번째 줄
에 이를 때까지 continue 명령을 여러 번 실행한다.

객체의 현재 상태 출력

GDB를 재실행하고 Main.cpp의 69번째 줄에만 중단점을 설정한다. 그런 다음 중단점에
도달할 때까지 코드를 실행하자. 중단점에서 실행이 멈추면 print name 명령을 입력해서
다음 그림처럼 name 변수의 현재 값을 살펴볼 수 있다.

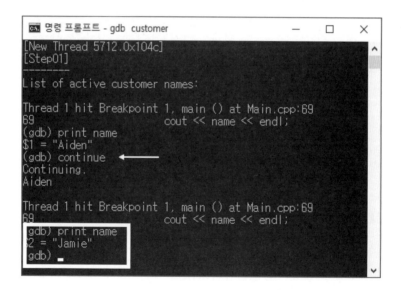

현재 name 변수의 값은 Aiden이다. continue 명령으로 실행을 재개하면 for 루프가 한 번
실행 되고 다시 코드 실행이 멈춘다. 이때 print name을 입력하면 name 변수의 새로운 값
을 알 수 있다.

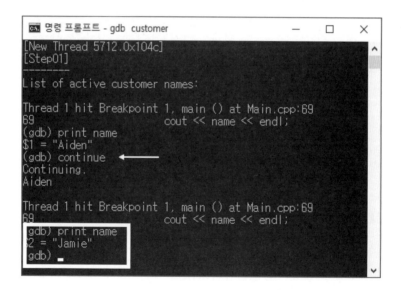

GDB 관련 명령어는 너무 많아서 이 책에서 모두 소개하기가 어렵다. 사용 가능한 명령에 대해 더 알고 싶으면 다음 링크를 참고하자.

https://www.gnu.org/software/gdb/documentation/

▌요약

8장에서는 명령형 코드로 작성한 클래스를 함수형 클래스로 개선해보면서 지금까지 책에서 공부한 내용을 적용했다. 이를 기반으로 좀 더 복잡한 클래스를 개발할 때 책에서 배운 지식을 활용할 수 있을 것이다. 한편 개발 도중에 예상하지 못한 결과를 얻거나 크래시가 발생했을 때, 문제 해결에 큰 도움이 될 디버깅 방법에 대해서도 간략히 알아봤다.

찾아보기

모던 C++로 배우는 함수형 프로그래밍

커링, 메타프로그래밍 등 C++와 함수형 프로그래밍의 핵심

발 행 | 2018년 3월 30일

지은이 | 위스누 앤거로
옮긴이 | 김 현 욱

펴낸이 | 권 성 준
편집장 | 황 영 주
편 집 | 양 아 영
          이 지 은
디자인 | 송 서 연

에이콘출판주식회사
서울특별시 양천구 국회대로 287 (목동)
전화 02-2653-7600, 팩스 02-2653-0433
www.acornpub.co.kr / editor@acornpub.co.kr

한국어판 ⓒ 에이콘출판주식회사, 2018, Printed in Korea.
ISBN 979-11-6175-136-8
ISBN 978-89-6077-210-6 (세트)
http://www.acornpub.co.kr/book/cplus-functional-programming

이 도서의 국립중앙도서관 출판시도서목록(CIP)은 서지정보유통지원시스템 홈페이지(http://seoji.nl.go.kr)와
국가자료공동목록시스템(http://www.nl.go.kr/kolisnet)에서 이용하실 수 있습니다.(CIP제어번호: CIP2018009182)

책값은 뒤표지에 있습니다.